企业财务会计创新

黄　华◎著

吉林出版集团股份有限公司 | 全国百佳图书出版单位

图书在版编目（CIP）数据

企业财务会计创新 / 黄华著. –– 长春：吉林出版
集团股份有限公司，2023.3
ISBN 978-7-5731-3125-6

Ⅰ．①企… Ⅱ．①黄… Ⅲ．①企业管理—财务会计
Ⅳ．①F275.2

中国国家版本馆CIP数据核字(2023)第057636号

企业财务会计创新

QIYE CAIWU KUAIJI CHUANGXIN

著　　者　黄　华
出 版 人　吴　强
责任编辑　孙　璐
装帧设计　墨创文化
开　　本　787 mm × 1092 mm　1/16
印　　张　6
字　　数　100千字
版　　次　2023年3月第1版
印　　次　2023年8月第1次印刷

出　　版　吉林出版集团股份有限公司
发　　行　吉林音像出版社有限责任公司
　　　　　（吉林省长春市南关区福祉大路5788号）

电　　话　0431-81629679
印　　刷　吉林省信诚印刷有限公司

ISBN 978-7-5731-3125-6　　定　　价　50.00元

如发现印装质量问题，影响阅读，请与出版社联系调换。

前　　言

目前，我国企业面临着重大的改革发展，其中企业财务会计的改革与创新占据着重要地位。在这种情况下，企业只有遵循市场经济的发展规律，不断优化自身发展目标，做好企业财务会计改革与创新，才能进一步促进企业的发展。

基于此，本书对企业财务会计创新进行研究，共五章内容：第一章为财务会计的概述，分别对财务会计的相关内容、财务会计理论的发展与创新、互联网时代下的财务会计管理进行了阐述；第二章为企业财务会计的主要内容，提到在企业财务会计中占据重要地位的内容——内部控制和核算体系，然后分析了当前企业财务会计管理模式的创新与思考；第三章为企业财务会计的风险分析，论述了企业财务风险以及内部审计在企业财务会计风险管理中的相关应用；第四章为企业会计信息质量提升分析，提出了构建企业会计信息质量评价体系以及企业会计信息质量提升的策略；第五章为企业财务会计创新研究，主要对企业绿色会计相关内容、企业财务会计的转型与创新发展进行分析。

目　　录

第一章　财务会计的概述 ……………………………………………………… 1
　　第一节　财务会计的相关内容 ……………………………………………… 1
　　第二节　财务会计理论的发展与创新 ……………………………………… 15
　　第三节　互联网时代下的财务会计管理 …………………………………… 17

第二章　企业财务会计的主要内容 …………………………………………… 20
　　第一节　企业财务会计相关内容分析 ……………………………………… 20
　　第二节　企业财务会计管理模式的创新与思考 …………………………… 24

第三章　企业财务会计的风险分析 …………………………………………… 27
　　第一节　企业财务风险分析 ………………………………………………… 27
　　第二节　企业财务会计风险管理中内部审计的应用 ……………………… 33

第四章　企业会计信息披露问题分析 ………………………………………… 36
　　第一节　会计信息披露概述 ………………………………………………… 36
　　第二节　完善企业会计信息披露的建议 …………………………………… 42

第五章　企业会计信息质量提升分析 ………………………………………… 47
　　第一节　会计信息质量概述 ………………………………………………… 47
　　第二节　企业会计信息质量评价 …………………………………………… 50
　　第三节　企业会计信息质量提升策略 ……………………………………… 60

第六章　企业财务会计创新研究 ……………………………………………… 63
　　第一节　企业绿色会计分析 ………………………………………………… 63
　　第二节　企业财务会计的转型与创新发展 ………………………………… 65
　　第三节　基于云计算的企业会计信息化创新 ……………………………… 68

参考文献 ………………………………………………………………………… 89

第一章　财务会计的概述

随着我国经济技术的快速发展，财务会计与企业生产之间的联系越来越密切，但是通过对其进行深入研究发现，在我国当前经济社会条件下，财务会计仍然存在一些问题。

第一节　财务会计的相关内容

一、财务会计的基本含义

财务会计是指企业财务人员通过对企业资金收支的核算与监督，完成企业日常经营管理活动的账务，从而向企业管理人员、投资者以及政府相关管理部门真实反映企业运营状况及盈利能力。财务会计主要担负着企业活动的核算与监督职能。就其核算职能而言，主要是按照国家财务会计法律制度，及时确认和计量企业各项经济活动，并在会计期末形成相应的财务报告。就其监督职能而言，主要通过对经济业务的监管，确保企业的运营安全。

二、财务会计的重要性原则

（一）重要性原则的内涵及原则要求

所谓重要性原则，是指在实际开展与会计行业相关工作过程中，可以对与会计工作有关的各项事务进行时间上的合理安排以及划分。在实际使用过程中，重要性原则在对事物进行处理时还需要根据事物的轻重缓急采取不同的方式。

对企业发展来讲，企业在开展各项经济活动过程中所需的有利信息，或者对于企业所制定的相关战略决策，能够起到参考建议的会计信息，都需要进行严格的会计原则制度和会计程序核算，然后实现精确的会计信息呈现，以此提出相应的报告。

财务会计工作当中，重要性原则的应用是因为当前会计人员本身的工作内容以及工作压力越来越大，很多时候一个人无法同时完成与会计有关的诸多工作任务，这个时候就需要就实际工作进行合理安排，保证能够优先完成对企业或者是会计部门相对来讲比较重要的会计事项。通过这样的方式，既能缩短工作时间，又能保证在开展会计核算工作时的相应成本投入，对企业的经济效益来讲是非常有利的。

（二）财务会计中重要性原则的实施

财务会计重要性原则的实施主要从以下两个方面进行。

1. 正确认识重要性原则

从本质上来讲，重要性原则就是要求会计人员在从事相关经济活动以及会计工作过程中，从自身角度出发，对自身工作进行简化以及抓住重点，减少在工作实际执行时的繁琐环节。对于企业经济效益来讲，正确认识重要性原则可以大大降低财务会计核算工作过程中所需的费用，减少财务管理工作成本。因此，在企业提效增益的过程中，就需要财务会计人员依据重要性原则对工作进行合理的安排，缩短劳动时间，提升企业的经济效益。此外，正确认识重要性原则，能够使财务会计人员在实际工作过程中针对可能会给企业财务报表以及净收益产生影响的经济进行严格的会计核算，筛选出对企业经营管理以及战略决策制定所产生重大影响的相关会计数据，保证数据结果准确；而对于一些不会对企业经营产生实质性影响和重大影响的财务会计信息，则可以通过简化的方法进行处理，这样不仅能够提高财务信息质量，而且能够简化流程。

2. 掌握并应用重要性原则

首先，要对国家有关法律法规、政策和会计制度等进行深入研读和学习，因为重要性原则的应用是基于政策和财经制度的前提下执行的。但要注意，应在深入研读以及学习的前提下，根据企业的实际情况制订执行重要性原则的具体办法。

其次，会计人员在实际工作过程中，应当对会计理论进行深入研读以及学习，并且对会计专业相关知识进行钻研，这样才能深入理解财务会计工作，在了解财务会计工作根本理论以及制度的情况下，分清实际工作过程中的主次、轻重，做出合理处理。

最后，会计人员一定要深入企事业单位经济运行的一线，掌握一手的财务会计资料，通过对资料进行大量的积累和分析，总结出重要性原则的应用经验。

三、财务会计的基本前提

财务会计的基本前提，也称为财务会计的基本假设或会计假设，它是指组织财务会计工作必须具备的前提条件，离开了这些条件，就不能有效地开展会计工作。财务会计的基本前提也是财务会计的理论基础，离开这些前提条件，就不能构建财务会计的理论体系。财务会计的基本前提是从会计实践中抽象出来的，其最终目的是保证会计信息的有用性。

财务会计的基本前提应包括哪些内容，人们在认识上还不完全一致，根据我国《企业会计准则——基本准则》的规定，可以概括为会计主体、持续经营、会计期间、货币计量与权责发生制五项。

（一）会计主体

会计主体是指会计服务的特定单位。要开展会计工作，首先应明确会计主体，也就是要明确会计人员的立足点（立场），解决为谁记账、算账、报账的问题。会计人员只为特定的会计主体进行会计工作。每一会计主体不仅与其他会计主体相区别，而且独立于其本身的所有者之外。也就是说，会计反映的是一个特定会计主体的经济业务，而不是其他会计主体的经济业务，也不是企业所有者的财务活动。明确会计主体就是要求会计人员明白，他们所从事的会计工作是一个特定主体的会计工作，而不是其他会计主体或企业所有者的会计工作，他们必须站在这个特定会计主体的立场上来开展会计工作。

从理论上说，会计主体的规模并无统一的标准，可大可小。它可以是一个独立核算的经济实体，一个独立的法律个体；也可以是不进行独立核算的内部单位、班组，一个非法律个体。但是，从财务会计的角度来看，会计主体应是一个独立核算的经济实体，特别是需要单独反映经营成果与财务状况、编制独立的财务会计报告的实体。

（二）持续经营

持续经营是指作为会计主体的企业，其经营活动将按照既定的目标持续下去，在可以预见的将来，不会面临破产、进行清算。这是绝大多数企业所处的正常状况，这样的会计主体，其所有资产将按照预定的目标在正常的经营过程中被耗用或出售，它所承担的债务也将如期偿还。

财务会计的一系列方法都是以会计主体持续经营为前提的。例如，只有在持续经营的前提下，企业的资产才能按历史成本计价，固定资产才可以按其使用年限计提折旧。

如果企业不具备持续经营的前提条件，而是已经或即将停止营业、进行清算，则需要处理其全部财产，清理其全部债权债务。在这种情况下，会计处理要采用所谓的清算基础。

（三）会计期间

对于持续经营的企业来说，既然在可以预见的将来，它不会面临停业清算，企业就不能等到结束其经营活动时才去进行结算和编制财务会计报告。为了定期反映企业的经营成果和财务状况，向有关各方提供信息，需要划分会计期间，即人为地把持续不断的企业生产经营活动，划分为较短的经营期间。会计期间通常为一年，称为会计年度。世界各国企业的会计年度起讫日期并不统一，例如，有的企业以本年的 7 月 1 日至下年的 6 月 30 日为一会计年度，有的企业以本年的 4 月 1 日至下年的 3 月 31 日为一会计年度。

从理论上讲，将会计年度的起讫点定在企业经营活动的淡季（如果有的话）比较适宜，因为在企业经营活动的淡季，各项会计要素的变化较小，便于对会计要素进行计量，特别是便于计算确定本会计年度的盈亏，而且由于淡季的经济业务较少，会计人员有较为充裕的时间办理年度结算业务，便于及时编制财务会计报告。西方国家许多企业的会计年度结算日就是处于营业活动的淡季。然而，将会计年度的起讫日定在营业活动的淡季也有其局限性，这主要表现在淡季资产负债所反映的年末财务状况往往缺乏代表性，例如，年末所反映的短期偿债能力有可能比年中其他时间的结果要好。

我国《企业会计准则——基本准则》规定，会计期间分为年度和中期，中期是指短于一个完整的会计年度的报告期间，如季度和月份。

（四）货币计量

会计提供信息要以货币为主要计量尺度。企业的经济活动是多种多样、错综复杂的。为了实现会计目的，企业会计必须综合地反映企业的各种经济活动，这就要求有一个统一的计量尺度。在商品经济条件下，货币作为一种特殊的商品，最适合充当这种统一的计量尺度。

以货币作为主要计量尺度，为会计计量提供了方便，但同时也带来了问题。货币作为一种特殊的商品，其价值不是固定不变的。为了简化会计计量，也便于会计信息的利用，在币值变动不大的情况下，一般不考虑币值的变动。然而，由于世界性的通货膨胀给经济发展带来很大的影响，对于财务会计报告如何反映通货膨胀的影响这种客观要求有逐渐增长的趋势，并因此产生了通货膨胀会计。

要实际进行会计确认、计量和报告，除了应明确以货币作为主要计量尺度之外，还需要具体确定记账本位币，即按何种统一的货币来反映企业的财务状况与经营成果。在企业的经济业务涉及多种货币的情况下，需要确定某一种货币为记账本位币；涉及非记账本位币的业务，需要采用某种汇率折算为记账本位币登记入账。

（五）权责发生制

现代企业财务会计以采用权责发生制为基本前提或基本假设。权责发生制也称为应计制，它要求对会计主体在一定期间内发生的各项业务，凡符合收入确认标准的本期收入，不论其款项是否收到，均应作为本期收入处理；凡符合费用确认标准的本期费用，不论其款项是否付出，均应作为本期费用处理。反之，凡不符合收入确认标准的款项，即使在本期收到，也不能作为本期收入处理；凡不符合费用确认标准的款项，即使在本期付出，也不能作为本期费用处理。显然，权责发生制所反映的经营成果与现金的收付是不一致的。

我国《企业会计准则——基本准则》规定，企业的会计确认、计量和报告应当采用权责发生制。在真实地反映企业的财务状况和经营成果方面，权责发生制较之收付实现制具有较大的优越性。

四、财务会计的基本要素

为了实现财务报告的目标，在明确了财务会计的基本前提之后，还需要对企业发生的能够以货币计量的经济活动内容进行适当的分类。对会计所要反映的经济活动内容的基本分类项目，称为财务会计的基本要素，简称会计要素。由于企业财务会计的最终成果以财务报告的形式向有关方面提供，而编制财务报告的依据是企业的日常会计资料，这就要求企业财务报告（特别是财务报表）所反映的内容及其基本分类，应与日常会计处理保持一致。而日常会计处理对经济活动内容的分类，应该满足编制财务报告的要求。因此，企业财务会计的基本要素既是会计核算内容的具体分类，同时也是作为财务报告核心内容的财务报表的基本构成要素。

由于企业对外提供的财务报表主要有资产负债表、利润表、现金流量表和所有者权益变动表，故财务报表的基本要素可以相应分为资产负债表要素、利润表要素、现金流量表要素和所有者权益变动表要素。由于种种原因，国际会计准则与各国会计准则所规定的报表要素，在数量、名称及定义等方面均有所不同。例如，国际会计准则规定，资产负债表要素为资产、负债及所有者权益；利润表要素为收入、费用和利润。我国《企业会计准则——基本准则》规定，资产负债表要素为资产、负债与所有者权益；利润表要素为收入、费用与利润。有人认为，现金流量表的要素为现金流入与现金流出。但由于现金流量表主要是根据资产负债表与利润表的数据分析填列的，因此，也可以认为现金流量表要素是资产负债表要素与利润表要素的派生或转化形态。我国《企业会计准则——基本准则》没有对现金流量表要素和所有者权益变动表要素作出规定，而是针对资产负债表与利润表规定了资产二负债、所有者权益、收入、费用、利润六项要素。财政部于 2009 年 6 月发布的《企业会计准则解释第 3 号》引入了综合收益概念，可以认为综合收益也是一项重要的财务报表要素。下面逐一讲述六项基本要素。至于综合收益和现金流量的概念则留待财务报表部分作详细介绍。

（一）会计要素核算应解决的主要问题

既然企业会计核算的具体内容可以归结为资产、负债、所有者权益、收入、费用、利润六项会计要素，那么，企业的日常会计核算也就是对各项会计要素的核算。会计要素的核算主要应解决四个方面的问题。

1. 会计确认

对企业经济活动及其所产生的经济数据进行分析、识别与判断，以明确它们是否对会计要素产生影响以及影响什么会计要素。这一过程通常称为会计确认。我们知道，企业在经营过程中会发生各种各样的经济活动，但这些经济活动及其所产生的经济数据并非全部属于会计核算的内容。例如，企业职工的构成与管理人员素质的变化等，显然不能用货币形式进行可靠的计量，因而不属于会计核算的内容。又如，企业与客户签订下年度的销货合同，由于合同所记录的内容尚未实际发生，因而也不属于会计核算的内容。因此，在实际进行会计核算之前，需要对企业所发生的经济活动及其所产生的经济数据进行分析，把非会计核算内容排除在外，而对于影响会计要素的内容，则要进一步明确其性质，即影响什么会计要素。从会计核算的具体方法来看，填制与审核原始凭证属于会计确认，编制记账凭证也包含会计确认的内容。

2. 会计计量

在明确了企业经济活动所影响的会计要素之后，要进一步确定其影响的程度，即对有关会计要素的数量增减变化产生多大的影响。这一过程通常称为会计计量。会计计量主要是货币计量，因而也可称为货币计价。但企业会计有时也提供一些非货币信息。会计计量与会计确认是紧密联系的。例如，编制记账凭证既是会计确认的过程，同时也是会计计量的过程。

企业在将符合确认条件的会计要素登记入账并列报于会计报表及其附注（又称财务报表，下同）时，应当按照规定的会计计量属性进行计量，确定其金额。我国《企业会计准则——基本准则》规定的会计计量属性主要包括以下几种。

（1）历史成本。在历史成本计量下，资产按照购置时支付的现金或者现金等价物的金额，或者按照购置资产时所付出的对价的公允价值计量。负债按照因承担现时义务而实际收到的款项或者资产的金额，或者承担现时义务的合同金额，或者按照日常活动中为偿还负债预期需要支付的现金或者现金等价物的金额计量。

（2）重置成本。在重置成本的计量下，资产按照现在购买相同或者相似资产所需支付的现金或者现金等价物的金额计量。负债按照现在偿付该项债务所需支付的现金或者现金等价物的金额计量。

（3）可变现净值。在可变现净值计量下，资产按照其正常对外销售所能收到的现金或者现金等价物的金额扣减该资产至完工时估计将要发生的成本、估价的销售费用以及相关税费后的金额计量。

（4）现值。在现值计量下，资产按照预计从其持续使用和最终处置中所产生的未来净现金流入量的折现金额计量。负债按照预计期限内需要偿还的未来净现金流出量的折现金额计量。

（5）公允价值。在公允价值计量下，资产和负债按照在公平交易中，熟悉情况的交易双方自愿进行资产交换或者债务清偿的金额计量。企业在对会计要素进行计量时，一般应采用历史成本，采用重置成本、可变现净值、现值、公允价值计量的，应当保证所确定的会计要素金额能够取得并可靠计量。

3. 会计记录

企业财务会计要将企业经济活动对有关会计要素的影响性质与数量正确地记录下来。这一过程通常称为会计记录。登记账簿是典型的会计记录的方法。

4. 会计报告

企业财务会计的最终成果是财务会计报告。财务会计报告是指企业对外提供的反映企业某一特定日期的财务状况和某一会计期间的经营成果、现金流量等会计信息的文件。财务会计报告包括会计报表及其附注和其他应当在财务会计报告中披露的相关信息和资料。会计报表至少应当包括资产负债表、利润表、现金流量表和所有者权益变动表。小企业编制的会计报表可以不包括现金流量表。

资产负债表是反映企业在某一特定日期的财务状况的会计报表。利润表是反映企业在一定会计期间的经营成果的会计报表。现金流量表是反映企业在一定会计期间的现金和现金等价物流入和流出的会计报表。所有者权益变动表是反映一定会计期间构成所有者权益的各组成部分当期的增减变动情况的会计报表。附注是指对在会计报表中列示项目所作的进一步说明，以及对未能在这些报表中列示项目的说明等。

需要指出的是，在实际工作中，会计确认、计量、记录与报告是紧密联系的，而且常常相互交织在一起，很难截然划分为四个过程。下面着重讲述各项会计要素的定义、确认标准与计量基础。

(二) 资产

1. 资产的确认

资产是企业过去的交易或事项形成的、由企业拥有或者控制的、预期会给企业带来经济利益的资源。对于资产的这一定义，需要着重强调以下几个方面。

(1) 资产的内涵是资源。企业的资产只限于资源，非资源不是企业的资产。一个企业的资源，就其存在形式来看，既有有形的（如机器设备、存货等），也有无形的（如专利权、商标权等）；既可以是货币形式的（如现金、银行存款等），也可以是实物形式的（如房屋建筑物、机器设备等）。强调资产的内涵是资源，并不意味着所有的资源都是企业的资产。

(2) 作为资产的资源应该为特定企业现在所拥有或者控制。一项资源是否属于企业的资产，通常要看其所有权是否属于该企业。但企业是否拥有一项资源的所有权，不是确认资产的绝对标准。有些资源虽然其所有权不属于特定企业，但为该企业所实际控制，也是该企业的资产。所谓"实际控制"一项资源，从形式上看，意味着企业对该项资源具有实际经营管理权，能够自主地运用它从事经营活动，谋求经济利益；从实质上看，它意味着企业享有与该项资源的所有权有关的经济利益，并承担着相应的风险。例如，企业以融资租赁方式租入的固定资产，尽管所有权不属于承租企业，但由于受承租企业实际控制，因而在会计实务中都将其列作承租的企业的资产。总之，一个企业现在不具有所有权或不能实际控制的资源，都不是该企业的资产。

(3) 作为资产的资源，必须具有有用性的特点。企业现在所拥有或者控制的资源，必须能为企业带来未来经济利益，才属于企业的资产。如果一项资源虽然为企业所拥有或实际控制，但不能为企业带来未来经济利益，就不能作为企业的资产予以确认。过去属于企业资产的一项资源，如果由于种种原因不能再为企业带来未来经济利益，就不应再将其列作企业的资产，如报废的机器设备。而原来不能为企业提供经济利益，因而不属于企业资产的某些东西，如果随着技术的进步，转化为对企业有用之物，也就应将其列作企业现在的资产。例如，现在能够有效利用的"三废"（废水、废渣、废气）。

(4) 作为资产的资源必须能够用货币进行可靠的计量。在会计核算中常常要进行估计，但对一个项目如果无法作出合理的估计，就不应将其列为企业的资产。例如，某一诉讼案件将会带来的赔款收入，如果不能可靠地计量赔款的金额，就不能将其确认为资产。

2. 资产的分类

任何企业要进行正常的经营活动，都必须拥有一定数量和结构的资产。为了正确反映企业的财务状况，通常将企业的全部资产按其流动性划分为流动资产与非流动资产两大类。流动资产是指那些可以合理地预期将在一年内转换为现金或被销售、耗用的资产，主要包括货币资金、应收票据、应收账款和存货等。除流动资产以外的所有其他资产统称为非流动资产，包括持有至到期投资、长期股权投资、固定资产、无形资产等。

3. 资产的计价

企业财务会计要正确反映企业各项资产的增减变动及其结存情况。这就要求对于企业在一定时期内增加与减少的资产以及期末结存的资产进行正确的计价，因此，会计上对企业资产的计价包括三个方面的内容：①资产增加时，确定按什么样的金额入账，即要确定资产的入账金额；②资产减少时，确定按什么样的金额从账面上减记资产；③会计期末编制财务会计报告时，确定结存资产的金额，即要确定在资产负债表上，按怎样的金额列示各项资产。下面分别说明资产计价的一般原则。

（1）资产的入账价格。长期以来，会计上奉行资产入账按实际（历史）成本计价的原则。即所有资产都应按其取得成本入账，理由是：第一，资产的取得成本具有客观性。资产的取得成本一般是通过市场交易确定的，是市场上客观存在成交价格；资产的取得成本一般有相应的原始凭证作为依据，因而可以验证。第二，资产的取得成本具有较强的可操作性。从实务的观点来看，资产的成本数据易于取得，便于进行会计处理，因而具有较强的可操作性。第三，资产的取得成本比较近似于资产在取得时的价值。在正常情况下，成本总是资产在取得日期价值的可靠标志。

（2）资产减少与期末结存的计价。上面说明了资产取得时应以其取得成本作为入账价格，理由之一是，成本比较近似于取得资产时的资产价值。但是，随着时间的推移，资产的账面价值与其实际价值或重置成本（新的取得成本）之间可能出现较大的差异。现代会计越来越重视资产的正确计价。企业持有的各项资产如果减值，一般应按规定计提相应的减值准备。在我国，除法律、行政法规和国家统一的会计制度另有规定者外，企业一律不得自行调整资产的账面价值。在资产负债表上，各项资产往往分别采用历史成本、市价、成本与市价（可变现净值、可收回金额）孰低等方法计价。

（三）负债

负债是企业权益的重要组成部分。要全面反映企业的财务状况，就必须在正确核算企业资产的同时，重视企业负债的核算。

1. 负债的特点

负债是企业过去的交易或事项形成的、预期会导致经济利益流出企业的现时义务。基于负债的这一定义，需要强调负债的以下几个基本特征：

负债是现时存在的、由过去的经济业务所产生的经济责任。未来经济业务可能产生的经济负担，不是会计上的负债。例如，企业管理部门决定今后购买资产，这项决定的实施属于未来的经济业务，其本身并不产生现存的义务，因而不属于企业现在的负债。

负债是能够用货币确切计量或合理估计的经济责任。负债通常有一个可确定的到期偿付金额，或者虽无确切金额，但有一个合理的估计数。反之，若金额无法确定或估计，就不是会计上的负债。

负债有确切的受款人和偿付日期，或者受款人和偿付日期可以合理地估计确定。反之，如果无法确定或合理估计受款人和偿付日期，就不是会计上的负债。

作为企业现存义务的负债，其了结的方式可以有多种：第一，支付库存现金和银行存款；第二，转让除库存现金和银行存款之外的其他资产；第三，提供劳务；第四，以其他义务替换该项义务，即以新的负债替换原有的负债，如用应付票据替换应付账款；第五，将该义务转换为所有者权益，如将公司的应付债券转换为本公司的股票。此外，企业的负债也可能由于债权人放弃债权等原因而了结。

2. 负债的分类

负债按其偿还期的长短可分为流动负债与非流动负债。流动负债是指偿还期在1年或长于1年的一个营业周期以内的债务，主要包括短期借款、应付票据、应付账款、应付职工薪酬、应交税费、应付利润和其他应付款等。非流动负债是指偿还期在1年或长于1年的一个营业周期以上的债务。主要包括长期借款、应付债券和长期应付款等。

3. 负债的计价

为了正确反映企业的财务状况，必须采用适当的方法对负债进行计价。漏记或多记负债项目，或者负债的计价不正确，都会歪曲企业的财务状况。

上述负债的第二个特点虽然强调负债必须有一个确切的或可以合理估计的到期偿付金额，但并没有明确指出负债的计价方法或原则，也就是负债的增加与减少应按何种金额在账面上反映，在会计期末编制的资产负债表上，又应以何种金额列示负债项目。从实际操作来看，负债的计价至少有两种可供选择的标准：一是未来应予偿付的金额（到期值）；二是未来偿付金额的贴现价值（现值）。从理论上来说，所有负债的计价都应采用第二种标准。然而，在会计实务中，根据重要性原则，对负债的计价往往根据不同的情况采用不同的标准。由于流动负债的偿还期限较短，现值与到期值（未来偿付金额）非常接近，所以在会计实务中，流动负债通常按它们的到期值进行计价。

（四）所有者权益

所有者权益是指企业资产扣除负债后由所有者享有的剩余权益。公司的所有者权益又称为股东利益。所有者权益的来源包括所有者投入的资本、直接计入所有者权益的利得和损失、留存收益等。

直接计入所有者权益的利得和损失，是指不应计入当期损益、会导致所有者权益发生增减变动的、与所有者投入资本或者向所有者分配利润无关的利得或损失。利得是由企业非日常活动所形成的、会导致所有者权益增加的、与所有者投入资本无关的经济利益的流入。损失是由企业非日常活动所发生的、会导致所有者权益减少的、与所有者分配利润无关的经济利益的流出。

我国现行的会计准则规定，所有者权益分为四个部分：一是实收资本或股本；二是资本公积，包括资本溢价或股本溢价和其他资本公积；三是盈余公积，指按国家规定从税后利润中提取的盈余公积金；四是未分配利润。盈余公积与未分配利润可以合称为留存收益。这四个部分应在资产负债表中分项列示。概括而言，所有者权益包括本钱（资本）和利钱（盈余）两大部分，会计上应将两者严格区分，并要明确提供投资者是谁，投入资本是多少的信息，以明确产权关系。

需要指出的是，企业的所有者权益只是在整体上、在抽象的意义上，与企业资产保持数量关系，它与企业特定的、具体的资产并无直接关系，它并不与企业任何具体的资产项目发生对应关系。例如，一定数额的所有者权益并不代表相应数额的库存现金或银行存款。虽然企业所有者对企业的投资是具有一定的存在形态的，例如，用现金、实物或无形资产等对企业投资，但根据会计主体这一财务会计的基本前提，企业所有者对企业的投资无论采取何种具体形态，它们一旦进入企业，便成为受资企业这个特定会计主体的资产，而不再是企业所有者的资产。特别是当企业有多个所有者的情况下，明确这一点尤为重要。

从数量上看，企业的所有者权益只是某种数学运算的结果，只是一个平衡数，即所有者权益＝资产－负债。可见，企业的所有者权益金额取决于资产和负债的计量。正因为如此，企业的所有者权益基本上不存在专门的计量问题，它一般是通过对相应资产或负债的计量间接进行的。

企业的期末所有者权益金额并不代表、一般也不等于企业净资产的市场价值。如果一个企业的所有者权益总额正好等于分项变卖企业净资产或是将企业作为持续经营实体出售所能筹集的资金总额，那纯属偶然。

企业组织形式主要有个人独资、合伙经营和公司等。不同组织形式的企业，虽然在法律和管理等方面存在差别（如对于向企业所有者或其他受益人分配属于所有者权益范围内的资金，不同组织形式的企业所受的限制与约束是不同的），但是关于所有者权益的定义及其他内容，对于各种组织形式的企业都是适用的。

（五）收入

企业以获取利润为其主要目的。利润常常用作评价企业经营业绩的指标，它还是计算投资报酬率等许多其他指标的基础。企业要获取利润，就必须取得收入。

1. 收入的定义与范围

收入有广义与狭义之分。我国《企业会计准则——基本准则》采用的是狭义的收入概念。

广义的收入是指会计期间内经济利益的增加。企业获取收入的表现形式是：由于资产流入企业、资产增加或负债减少而引起所有者权益增加。但是，并非所有资产增加或负债减少而引起的所有者权益增加都是企业的收入。例如，企业所有者对企业投资，虽然会导致资产增加或负债减少，并使所有者的权益增加，但不属于企业获取收入的经济业务。

狭义的收入是指企业在日常活动中形成的、会导致所有者权益增加的、与所有者投入资本无关的经济利益的总流入。它主要包括营业收入、投资收益等。营业收入是指企业由于销售商品、提供劳务及让渡资产使用权等日常活动所形成的经济利益的总流入。它有各种各样的名称，如销售收入、服务费收入、使用费收入和租金收入等。投资收益是指企业对外投资所获取的投资报酬，如债券投资的利息收入、股票投资的股利收入等。

2. 收入的确认

收入确认的一般标准是：经济利益很可能流入从而导致资产的增加或负债的减少，并且经济利益的流入额能够可靠地用货币加以计量。这就意味着，在确认收入的同时，要确认资产的增加或负债的减少。例如，企业销售商品，确认销售收入增加，同时要确认库存现金或银行存款或应收账款等资产项目的增加；如果现在销售的商品，原来已经预收货款，则在确认销售收入增加的同时，还要确认预收货款这项负债的减少。

（六）费用

1. 费用的定义与范围

费用有广义与狭义之分。我国《企业会计准则——基本准则》采用的是狭义的费用概念。

广义的费用是指会计期间内经济利益的减少。企业发生费用的表现形式是：由于资产减少或负债增加而引起所有者权益减少。但是，并非所有资产减少、负债增加而引起所有者权益减少都意味着企业发生了一项费用。例如，企业所有者抽回投资或向所有者分配利润，虽然会引起资产减少或负债增加，并使所有者权益减少，但不属于企业发生费用的经济业务。

狭义的费用是指企业在日常活动中发生的、会导致所有者权益减少的、与向所有者分配利润无关的经济利益的总流出。它主要包括营业成本、营业税金及附加、销售费用、管理费用和财务费用等。

2. 费用的确认

费用只有在经济利益很可能流出从而导致企业资产减少或负债增加，且经济利益的流出额能够可靠地用货币加以计量时才能予以确认。这就意味着，在确认费用的同时，要确认资产的减少或负债的增加（如计提固定资产折旧或预提产品保修费用）。

（七）利润

利润是企业在一定会计期间的经营成果。企业以获取利润为基本目的，但对利润却有着不同的认识。从理论上说，利润可以定义为企业经营活动所引起的净资产（所有者权益）的增加。所以，严格来说，要正确计算企业经营所获得的利润，需要等到企业停止经营时，清算其全部资产与负债，确定企业从开业到停业的全部经营期间内由于经营活动所增加的净资产数额。然而，这种方法并不适用。由于企业的存续期间难以预计，无论是从企业内部管理还是从企业外部的需求来看，都不能等到企业停业时才计算盈亏。总之，在企业持续经营的前提下，要适当划分会计期间，按期确定盈亏。

基于上述原因，会计上将利润定义为广义收入与广义费用之间的差额。由于这一定义是以已经完成的、取得收入和发生费用的经济业务为基础的，因而比较实用，便于实际操作，能够提供定期报告所需的详细数据，能够说明利润形成的原因，其计量的结果也比较客观。

如前所述，在日常会计核算中，要随时收集每一项经济业务的详细数据，按照资产、负债和所有者权益的变化来记录每一项经济业务的结果。如果证明某项经济业务已经实际完成，则与此项经济业务有关的资产、负债和所有者权益的变化就予以确认。

由于会计上将利润定义为广义收入与广义费用之间的差额（收入小于费用，则为亏损），必须将企业在该会计期间内所获得的收入与所发生的费用加以抵销。可见，利润的确认与计量，也就是收入与费用的确认与计量。

（八）会计等式

各项会计要素之间存在一定的数量关系。反映会计要素之间数量关系的等式，叫做会计等式。会计等式揭示了各会计要素之间的联系，它是复式记账、进行试算平衡以及编制会计报表的理论依据。

在任何一个会计期间开始时，企业的资产、负债与所有者的权益之间都存在下列数量关系：

$$资产＝负债＋所有者权益$$

随着企业经营活动的进行，在会计期间内，企业一方面取得收入（广义），并因此而增加资产（或减少负债）；另一方面要发生各种各样的费用（广义），并因此而减少资产（或增加负债）。因此，企业在会计期中（结账之前），原来的会计等式就转化为下面的形式：

$$资产＝负债＋所有者权益＋（收入－费用）$$

根据这一等式，企业可以在编制报表前编制总分类账户本期发生额及余额试算平衡表。

到会计期末，企业将收入与费用相抵销，计算出本期利润（或亏损），并将利润按规定程序进行分配后，上述会计等式又恢复为期初的形式，即

$$资产＝负债＋所有者权益$$

五、财务会计信息具体分析

财务管理对于企事业单位的可持续发展而言起到至关重要的作用，并在创新与改革的过程中充分发挥出财务管理自身的积极效用，推动着财务管理机制的完善与优化，为企事业单位的可持续发展提供理论依据与经济保障。财务管理关乎企事业单位的发展质量，而财务会计信息与财务管理质量关系重大，因此应充分重视其可靠性。

（一）财务会计信息含义

无论是企业单位还是事业单位，在发展历程中都逐渐形成了相对成熟的发展体系与发展机制，尤其是财务管理工作。财务会计信息是执行财务管理方案的基础前提与理论依据，能够确保财务管理工作的时效性与合理性。由此可见，想要落实财务管理工作，单位高层必须充分重视财会信息的可靠性。①

从本质上讲，财务会计信息主要是企事业单位的财务状况信息、经营成果信息以及现金流向信息的统称。对财务管理工作而言，相关人员务必深入全面地了解财务会计信息，并将其作为理论依据和具体指导。

（二）财务会计信息的可靠性

1. 财务会计信息的可靠性内容

（1）财务状况信息的可靠性。由于财务状况信息是财务会计信息的重要组成部分，因此，财务状况信息对企事业单位总体财务管理工作的落实起到至关重要的作用。财务状况可以说是企业内部资金来源以及资金流动的体现，而财务状况信息则是对以上各类信息的总结与梳理。② 因此，财务状况信息能够切实反映出企业财务信息的可靠性，也是信息可靠性的重要体现。

（2）经营成果信息的可靠性。经营成果信息，即为对企事业单位业务范围的总结与梳理，通过分析与概括，能够进一步明确企业的经营范围和业务范围，有效提升员工工作行为的规范性与合理性。企事业单位的经营成果信息主要包括采购信息、生产信息以及销售信息等多个方面，而经营成果信息整体上的可靠性基本依靠项目计划的进度差进行综合评估。③

随着时代的发展，企事业单位的经营成果信息理念得到创新与改善。基于优质的经营成果信息，企事业单位的财务管理工作才能得以深入落实，其可靠性与财务管理工作的实效性呈现正比关系。

（3）现金流量信息的可靠性。自企事业单位步入新的发展阶段以来，现金流量信息对整体财务管理而言具有重要意义，并在具体落实过程中充分发挥积极效用。现金流动始终是企事业单位可持续发展与生产经营中的关键环节，并为其财务管理方案的执行提供着具体的工作指导。现金流量信息包括资金的流入与流出，是企业财务会计工作的重要条目。④

2. 财务会计信息的可靠性特征

（1）财务会计信息的量化性。企事业单位的财务管理工作综合性较强，并且在具体落

① 陈萍. ERP环境下财务会计信息系统的内部控制与风险管理［J］. 中外企业家，2017（18）：87+92.
② 薛泓. 建筑施工企业管理会计与财务会计融合探析［J］. 商讯，2020（27）：47-48.
③ 曾海鸣. 基于CRY系统的企业财务会计信息系统内部控制研究［J］. 商讯，2020（29）：25-26.
④ 熊蔚. ERY环境下财务会计信息系统内部控制与风险管理路径探索［J］. 经济研究导刊，2020（26）：132-133.

实管理方案的过程中需要相关工作人员时刻保持着严谨的工作态度，以此确保财务管理的工作质量以及工作效率。从实际效果分析，财务管理推动了企事业单位的全面发展与降本增效，以此提升企事业单位的生产经营效益，但在执行管理时应遵循财务会计信息的可靠性特征。①

通常情况下，企事业单位的财务信息以货币作为基本计量单位，凸显了企事业单位财务会计信息的量化性。对企事业单位的整体发展而言，财务管理极其重要且自身综合性较强，而以货币计量能够有效摒弃企事业单位生产经营的部分细枝末节，从而总体概括财务运行的过程。基于此，财务管理只有通过货币计量才能确保自身管理工作的精准程度，提高财务管理工作的合理性与适用性。

（2）财务会计信息的规范性。财务会计信息的规范性是提升企事业单位总体财务管理工作效率与工作质量的关键所在，企业高层应当正确认识和充分重视财务会计信息的规范性。现阶段，财务会计信息的规范性主要体现在信息的表述方式、表述时间与表述内容等方面。

除此之外，在国内，财务信息均由企事业单位的财务部门统一规定并下发，如年度财务会计报表等。企事业单位高层应注重该方面的创新与改革，根据相关会计准则和企业实际发展现状，有规律地发布一些阶段性的财务会计信息。

（3）财务会计信息的客观性和真实性。企事业单位在执行财务管理规划的过程中，财务会计信息的客观性与真实性决定了财务管理工作的质量与走向。财务管理人员应当学会客观地分析财务会计信息，结合会计资料，通过总结、积累以及梳理，体现出企事业单位的经营成果与财务状况。

3. 财务会计信息可靠性特征的明确措施

（1）明确产权生成作用。对企事业单位而言，想要落实与发展管理机制，必须首先明确自身产权，有效促进企事业单位在行业市场中核心竞争力的提升，有助于企事业单位阶段性生产经营的效益最大化，保障产权所有者与经营者之间的经济合同关系，实现企事业单位的资源合理配置。另外，明确产权生成也有助于会计主体选择会计准则，为财务管理工作的具体落实提供便利条件。会计主体与会计准则之间的有效组合才能提升财务会计工作的积极性与约束性，进一步优化资源再分配的适用性，持续改善企事业单位的财务管理机制，推动财务管理工作走向多元化发展趋势。

（2）完善财务会计规定。随着时代的发展，企事业单位财务会计信息的可靠性随之不断提升，企业高层应充分重视会计准则的建设工作，观察并分析会计准则建设过程中存在的缺陷与弊端，结合企事业单位的发展现状，制定合理有效的解决措施，通过完善财务会计规定降低负面信息对整体财务管理工作的影响。同时，财务部门必须重视提高责任主体及其参与者的人员素质，有效运用会计准则，确保会计准则在实际的财务管理过程中充分

---

① 齐仁杰.EPR 环境下财务会计信息系统内部控制与风险管理路径探索［J］.纳税，2020，14（07）：90—91.

发挥积极作用，为企事业单位的财务管理工作提供真实可靠的财务会计信息。

综上所述，财务会计信息对企事业单位的发展起到重要的引导作用，尤其是财务管理工作，可以为企事业单位的财务管理落实提供具体的理论支撑，确保财务管理结果的精确性、合理性与适用性。基于此，企事业单位高层应给予充分重视，推动财务会计信息化发展。

第二节 财务会计理论的发展与创新

随着社会经济的不断发展和完善，企业经营环境也发生了相应的变化，其中组织形式、盈利模式和价值构成都发生了很大的变化。

一、对财务会计理论发展过程中问题的反思

（一）发展原则的反思

传统的财务会计理论发展原则是谨慎性原则。谨慎性原则需要人们在进行经济活动的过程中，对不确定因素采取一种保守态度。但是这种发展原则可能会造成财务会计工作所提供的信息缺少可靠性和时效性，使得人们更加倾向于确认财务会计工作信息所体现出的负债或者是损失，过分强调企业资产价值的固定性，导致企业会计信息使用者无法了解会计信息在内的信息内容。[①] 另外，谨慎性发展原则也导致财务会计理论只能反映出不确定的损失，却无法反映出不确定的收益。

（二）发展要素的反思

财务会计理论发展要素的构建是财务会计工作的基础内容，并且其设计方式的科学性以及要素体系的健全性都影响着会计报表和会计相关信息的质量和水平。而财务会计要素恒等式则是财务会计要素之间产生关联的重要基础。在实际工作中，财务会计恒等式不成立会导致财务会计理论关系的破裂。因此，对财务会计理论发展要素的反思就显得尤为重要。

长久以来，国际上对于会计恒等式的规范是"资产＝负债＋所有者（股东）权益"。在这种恒等式的基础上，财务会计核算的内容和监督的具体职权范围一般包括企业资产构成、企业负债构成、企业所有权者权益构成、企业当前经营情况等。这些监管的范围和内容无法反映出企业除资产外的资源状况和运营的具体效果。这种恒定模式无法反映出企业的权益构成，更加不符合企业发展的客观规律，当企业具备一定资源的情况下就会出现很多不包括实际资产在内的资金来源。

---

① 罗福凯. 异质资本边际替代率与技术资本配置水平分析——来自沪深两市高新技术企业的财务数据［J］. 财务研究，2015（01）：65—75.

（三）确认标准的反思

财务会计工作确认标准，指的是将决策相关的信息内容与财务会计核算系统进行归纳的过程。在此过程中，会计人员需要确认工作标准，并且决定是否将项目内容纳入会计系统当中。

目前财务会计理论的发展所体现的信息内容无法满足社会经济背景下企业的需求，导致供需之间出现矛盾。想要解决这一问题，企业必须要转变当今财务会计理论发展的观念，根据目前社会经济环境的变化，对财务会计的概念框架进行更新，从而构成一个以资源为基础的会计理论体系。

二、财务会计理论创新方向

（一）报告形式的创新

财务会计人员需要转变会计报告形式，在做好基础会计工作的同时关注企业的资本信息动态，加强对企业其他形式资源、资产的披露，如利用信息技术，对企业的经营预期收益形成实时预估报告，对企业的人力资源成本生成实时报告。

（二）基本要素与工作目标发生变化

在会计环境变化之下，财务会计理论的创新可以分别体现为基本要素的创新与工作目标的创新两方面。一方面，在传统财务会计工作中，创新财务会计的基本要素就是指"成本""收入""利润""所有者权益""企业负债情况""企业资本情况"；在会计环境变化之下，企业的财务会计要素体系愈发丰富，知识资产、人力资本均被纳入基本要素体系中，实现企业财务会计理论的创新；另一方面，财务会计需要把握企业经济目标、社会目标，将为企业提供科学决策依据、防控企业财务风险等内容作为企业财务会计主要目标之一，以此体现代财务会计理念，实现理念创新与发展。

（三）假设与对象发生变化

在会计环境变化之下，企业的财务会计假设与会计对象已发生转变。首先，会计假设是完成会计核算的基本工作环节，也是会计实务与会计理论的基本元素。在会计环境变化过程中，要想实现会计理论的创新，就要对会计假设进行调整，利用各种会计信息以动态的形式反映企业发展情况，同时全面掌握会计资料内容，促使会计假设发展符合企业实际情况，并服务于企业经营与决策。其次，要想实现会计理论的创新，就要适当转变会计对象理论，将原本的资金运动转换为产权价值运动，关注现代企业资金运动下的产权关系变化，提升企业财务会计工作的有效性。

（四）收益观念发生变化

在会计环境变化之下，要想实现财务会计理论的创新，需要关注企业财务会计收益观念的变化与创新。财务会计的受益观念可以基本分为资产负债观念与收入费用观念，其中的收入费用观念就是指在财务会计工作期间企业收入与费用之间的差额；资产负债观念则是指净资产的增加数量。在会计环境变化过程中，这两种观念逐渐发生变化，收入费用观念又可以体现在相关性差问题中，财务会计人员需要关注企业的收益反映是否属实、企业的收入与费用计量属性是否相同等问题。

（五）计量属性发生变化

在会计环境变化之下，要想实现财务会计理论的创新，还需要关注计量属性的变化。要想实现计量属性的创新与发展，就要着重关注企业资金流量之间的联系，关注企业财务会计资金流动的稳定性，还要控制与管理会计人员的工作行为与工作职责，以凸显会计工作人员对企业决策的重要作用，加强对企业未来信息的利用，从而满足企业的发展需求。此外，财务会计人员要关注企业的预期发展情况，利用企业现有信息，关注企业的发展趋势与发展目标，使会计工作服务于企业的预期决策与未来掌控。

第三节　互联网时代下的财务会计管理

在互联网背景下，财务会计管理工作受到了多方面因素的影响，互联网技术作为关键的技术手段，已经给人们的日常生活带来了极大的影响，而在财务会计管理工作之中运用互联网技术，能够进一步突出其实时性以及动态性的管理特征。在互联网背景下，财务会计管理工作必须准确把握住时代发展机遇，合理引入互联网技术，稳步提升财务会计管理的工作效率以及工作质量。

一、财务会计管理的内涵与特征

在本质上，互联网已经形成了一种推动社会发展的重要动力，但其技术领域的不断拓展，更使得其社会影响力不断提升。在财务会计管理工作之中，互联网技术自身所具备的技术优势更改变了财务会计的核算方式以及管理方式，实现了从传统纸质媒体到数字化媒体的转变，在根本上提升了数据信息的流通效率，这样无论是企业管理者还是机关组织的管理制度，都可以直接在财务会计数据信息之中获得更加关键的内容。同时，互联网技术的应用也促进了财务会计管理形式上的转变，传统财务会计管理工作中涉及的手工核算以及手工记账等工作，都能够直接转移至互联网信息平台当中，使得财务会计管理途径、管理流程以及管理介质发生变化。

在互联网技术的影响下，财务会计管理工作也产生了全新的特征。首先，数字化特征。在互联网时代中，计算机具备处理中心、办公终端以及传输节点等关键作用，对提升财务数据信息计算速度以及准确性等方面起到了重要作用，进一步突出了财务会计管理工作的数字化特征；其次，网络化特征。准确来说，财务会计管理工作的网络化发展，就是在互联网经济不断拓展的基础上形成的，这一现象可以促进更大范围的数据信息以及资源共享，产生更大的利用价值。

二、互联网背景对财务会计管理带来的影响

在互联网高速发展的背景下，财务会计管理可以采用多种现代化的处理系统，有效优化会计模型以及纸质文件。其中，核算的具体内容就是通过在线财务会计管理技术实现的，能够有效降低企业财务会计的整体工作量，稳步提升财务管理效率。同时，借助互联网技术的支持，财务会计管理处理数据信息的准确性以及全面性也在逐步提升，不仅有效降低人为操作失误的发生概率，而且简化整体管理流程，保证财务会计管理工作向着智能化以及创新化的方向发展。另外，与互联网相关的企业，其内部涉及的财务数据信息的主要特征就在于庞大的数量以及多样化的种类，这就需要利用互联网技术完善数据信息库，储存大量的数据信息，稳步推动财务数据信息处理模型的创新转变。而大财务数据属于一种综合性的收集平台，需要根据建模工作收集到的数据信息，进一步分析其中具备的数据价值，保证能够及时找寻出所需的数据信息。除此之外，互联网技术还可以对各类数据信息展开实时跟踪，通过系统流程与规范操作之间的配合，稳步提升数据信息的处理效率。

三、互联网背景下财务会计管理的优化措施

（一）树立先进的财务会计管理理念

为了保证整体工作效率以及工作质量能够稳步提升，企业必须建立更加先进的财务会计管理理念，积极转变原本财务会计管理的工作方式以及工作理念，寻找其中存在的不足之处。同时，还应当明确企业的财务管理概念，站在可持续发展的角度上对整体财务会计管理工作展开全方位的审视，从而制订出符合基本财务管理发展目标的决策，从根本上实现财务会计管理工作的发展及完善。

（二）加大财务会计管理人员的培养力度

尽管当前互联网技术为社会中各个企业带来了全新的发展机遇，但企业也要面对相应的挑战，这就需要企业内部有着充足的工作人员储备，特别是在应用互联网技术的实际过程中，应当以高素质的专业管理人才作为基础。因此，企业就要根据不同渠道的业务发展需求，培养出更加专业的财务管理团队，提升财务管理团队的人才培养力度。在培养建议方面，企业可以定期邀请一些财务会计领域方面的学者以及专家进入到企业内部展开教育指导，深入分析会计工作流程以及管理流程中存在的弊端。同时，企业还应当将应用互联网技术作为主要目标，对人才进行培训管理，根据评估模型的实际运转状态，寻找符合企业当前财务管理系统的管理方式，从根本上提升企业的整体业务水平，并在优化具体业务绩效的同时，提升财务会计管理人员的知识储备以及综合素质。

（三）完善财务会计管理系统

企业需要展开全方位的创新优化，以现代化的工作理念与互联网技术完善财务会计管

理系统，而企业的资产管理以及资产分配作为财务管理的重点所在，更应当保证管理工作的安全性以及稳定性。在完善财务会计管理系统的基础上，还应当保证全体工作人员能够适应全新的财务会计管理系统，保证功能性、工作质量以及工作效率能够稳步提升。

综上所述，在互联网背景下，财务会计管理工作在注意到互联网信息化优势的同时，也应当充分意识到自身面临的挑战。在财务会计管理工作的实际过程中，应当积极利用互联网技术的优势，提升企业的经济效益以及社会效益，具备责任意识以及危机意识，保证企业的经营能够与时俱进。

第二章 企业财务会计的主要内容

随着社会经济和时代的进步，企业与企业之间的竞争越来越激烈。为提升企业在经营期间的工作效率和经济效益，就要重视财务会计内部控制的有效性和财务会计核算体系的规范化，这是因为财务会计内部控制工作与财务会计核算工作，在企业财务会计相关业务以及以后整体发展的布局过程中发挥着不可替代的作用。

第一节 企业财务会计相关内容分析

一、企业财务会计内部控制

财务会计内部控制是现代化企业财务会计工作的重要组成部分，对提升企业风险防范意识以及对会计工作进行全面的约束和管理方面都具有十分重要的作用。但企业财务会计内部控制在具体实施中，常常受种种因素影响而出现不同程度的问题，影响财务会计内部控制的真正效用。因此，企业管理者应当充分认识到财务会计内部控制的重要作用，并立足于企业实际情况不断完善和创新内部组织结构以及控制体系，不断提升财务会计内部控制的执行力以及执行效果，为企业优质发展奠定坚实的基础。

（一）企业财务会计内部控制的概念及作用

1. 财务会计内部控制的概念

在经济发展过程中，财务会计内部控制理论更倾向于过程的参与，即指出在企业实施财务会计内部控制过程中需要各个部门共同参与。财务会计内部控制主要包含以下几个重要的因素：其一，控制环境。这是财务会计内部控制有序实施的重要基础和前提，企业管理人员能够给予会计人员充分的重视和鼓励，加速财务会计内部控制工作的实施效率；其二，风险评估。这是指对企业会计工作中可能遇到的风险问题进行精准的分析与评估；其三，控制活动。风险评估的结果是控制活动出现的必要前提，借助完善的财务会计内部控制能够加强企业各部门之间的联系和有效衔接，确保控制目标减少出现失误以及偏差现象；其四，信息沟通。真实有效的信息是维持企业有序发展的重要基础，因此应加强各个部门之间的沟通和联系，确保企业所有工作人员能够清晰地认识到自身的岗位职责和工作内容；其五，内部监控。是指能够对企业财务会计内部控制的具体实施效果进行全面的分析与监督，及时发现其中存在的安全隐患问题，进而立足于企业实际情况对内部组织结构以及实施流程进行有效调整和优化。

2. 财务会计内部控制的重要作用

首先，保障资产的安全性。财务会计内部控制的有效实施能够立足于企业实际情况，有效选择财务合理的手段对企业的资金进行有效的保护；对财务管理工作进行有效的约束和规范，提升财务会计工作的合理性和可靠性；降低企业成本支出。

其次，保障会计信息的真实性和准确性。财务会计内部控制工作的实施能够对会计行为进行有效的约束和规范，保障会计资料的真实性和有效性，为企业制定经营发展策略提供可靠的指导。

再次，保障经营目标的快速实现。财务会计内部控制工作的实施能够明确划分企业内部各个部门以及工作人员的岗位职责和具体工作内容，加强各个部门之间的有效衔接，为经营发展目标的实现奠定基础。

最后，有利于国家宏观调控的顺利实施。借助会计内部控制工作能够确保企业在具体工作中严守会计规章制度，并为企业的发展提供真实有效的会计信息，保证企业的各项经营行为符合国家法律法规的要求，促使国家宏观调控目标的实现。

（二）企业财务会计内部控制的基本原则

财务会计内部控制工作在具体实施过程中应当严格遵守合法性、谨慎性、有效性以及相互牵制性原则。

1. 合法性原则

财务会计内部控制的实施必须在法律允许范围之内，结合企业的实际情况制订完善的控制措施和方法。

2. 谨慎性原则

财务会计内部控制的制订和实施应当针对企业发展中相对薄弱的内容，如经济效益以及成本投入等方面，保障企业的经济效益。

3. 有效性原则

因地制宜、分类施策是企业财务会计内部控制制订和实施的主要原则，不可直接照搬或照抄其他企业已经成熟或完善的内控制度，避免与企业自身情况不符而起到反作用，影响企业的生产效益。

4. 相互牵制原则

财务会计内部控制的实施只有受到两个或以上岗位以及部门的制约，才能保障财务会计内部控制的完善性和严谨性，较为重要的工作内容更要加强牵制，如业务执行以及会计资料核对等。

（三）完善企业财务会计内部控制的具体措施

为了全面提升企业财务会计内部控制的实施效果，实现企业有序发展的目标，企业管理者应当提高对财务会计内部控制的重视程度，并立足于企业实际情况积极采取有效的措施，为提升企业竞争能力以及经济效益奠定坚实的基础。

1. 提高企业管理者对财务会计内部控制的重视程度

规章制度是保障企业内部各项工作有序实施的重要基础和前提，而企业财务会计内部控制工作制度的有效实施，能够对企业的资金管理进行有效的监督与规范，降低成本支出，不断提升企业的经济效益以及竞争能力。

企业管理者应当充分认识到财务会计内部控制制度的重要作用，树立法律意识和责任意识，以身作则，并立足于企业实际发展状况不断创新和优化企业现有的内部控制制度，完善工作组织机构，明确各个机构的具体工作内容，制订更为完善和合理的实施方案以及管理流程，不仅对内部控制信息系统进行创新和完善，而且要对企业的各项业务经济活动以及各职能部门的业绩能力进行全面而综合的考察，力求在企业内构建积极健康的内部控制环境，促进财务会计内部控制制度的有序发展。除此之外，还要采取全方位的宣传和培训方法，对会计人员形成积极正面的影响，提升员工参与财务会计内部控制活动的积极性，提升员工的守法意识和风险防范意识，构建良好的企业法律氛围，最终为提升企业财务会计内部控制实施效果奠定坚实的基础。

2. 完善现有的企业财务会计内部控制的组织结构

由于企业发展方向、经营范围以及发展规模等因素影响，会计组织结构存在较大的差异性，而保障财务会计内部控制实施效果的主要因素就在于加强会计组织结构的完善性和协调性，以便能够满足企业业务经营管理中的会计核算工作以及审计工作的基本要求。事实上，企业若是想发展壮大，其组织结构需得完善，即财务部门、审计部门以及会计部门等应当健全，并明确规定各个组织部门的岗位职责以及具体工作范围。

3. 提升人员综合素质，保障会计信息真实性

会计人员是财务会计内部控制制度的主要实施者，也是提升财务会计内部控制执行效果的前提和基础，更是促进企业有序发展的重要人力资源。因此，只有不断提升会计人员的专业能力水平，才能保证财务会计内部控制制度的执行效果。

企业管理者应当在企业内部积极开展完善的培训以及交流活动，确保会计人员不仅具备扎实的会计知识以及记账、核算的基本能力，而且要积极创新，掌握更为先进的会计知识和会计技能，保障会计信息的真实性，为企业制订经营决策目标提供更为有效和全面的指导。另外，由于会计工作的特殊性，企业在开展培训活动的过程中，要加强职业道德培养，构建良好的职业氛围，积极开展职业道德主题会议以及团队综合拓展等活动，加强会计人员对自身工作重要性的认识和理解，增强他们的责任意识，为提升财务会计内部控制制度的实施效果奠定坚实的基础。除此之外，企业管理者还应当加强与会计工作者的沟通与联系，及时掌握他们的思想变化动态以及工作具体开展情况，及时了解他们的内在想法，并采取多元化的措施帮助他们解决生活和工作中遇到的问题，拉近与会计人员之间的距离，最大限度地提升会计人员的工作效率，提升他们的归属感和荣誉感，促使其全身心投入到会计工作当中，为提升财务会计内部控制制度实施效果奉献自己的智慧和力量。

4. 建立和完善企业会计内部管理制度

企业会计内部管理工作的需求决定了企业内部制度及规范。完善的企业会计内部管理制度体系不外乎有以下内容。

（1）会计组织管理体系。会计组织管理体系实际上就是企业管理者在负责会计工作时需要履行的具体责任内容，会计部门以及相关领导与企业其他职能部门之间的具体关系以及会计核算工作的具体开展形式等。

（2）会计人员岗位责任制度。主要包含两方面内容：其一，会计人员的岗位以及所负责的工作内容、岗位轮换的制度要求以及会计工作的具体考核模式；其二，会计工作岗位具体可细分为管理人员、出纳以及资金核算人员等。

（3）财务处理程序制度。财务处理程序制度指的就是对会计科目的细化和设置，明确会计资料以及报表等工作的具体格式、工作流程以及传递方法，企业会计报表的类型以及相应的编制要求等。

（4）财务会计分析制度。财务会计分析制度指的就是财务会计分析工作主要针对的目标以及工作内容，财务会计分析工作的具体实施方法等。

5. 加强企业财务会计内部控制过程的监督

企业内部控制监督主要包括以下几方面内容：一是对财务会计信息进行监督和管理，也就是确保企业财务部门原始会计信息以及凭证等相关资料的全面性和真实性；二是对会计账目进行监督，避免因人为因素导致会计账目出现漏记、错记以及损毁等情况；三是对企业实物以及资金进行监督，即根据企业实际情况构建完善的清查制度内容，将企业实物以及资金与会计账目进行对比检查，及时发现账目问题，并按照相关法律法规予以解决。

二、企业财务会计核算体系

在企业经营管理过程中，财务会计核算工作不但能够有效改善企业现阶段运营的情况，而且能够有效促进企业获得更加迅速的发展，从而给企业未来的规划提供更加可靠的数据资料。

（一）企业财务会计核算体系的重要性

会计核算是以货币为计量尺度，对企业财务动态进行计算和记录以及报账。随着经济的不断发展，企业财务会计核算工作能够为企业经营持续发展以及扩大规模等目标的实现供给精准度较高的数据。只有提供的数据更加精准且可靠，企业重大决策的实施以及颁布才不会受到影响。同时，只有财务会计部门为企业提供更加精准且可靠的财务信息，企业才能以更加科学合理化的手段以及方式进行有效管理。

企业想要获得良好的发展前景，则需要企业内部多个部门之间的相互合作以及努力，在这个过程中起到较为基础性作用的就是会计部门，只有将财务会计核算工作合理地融入企业管理中，才可以真正意义上实现企业效益提升的目的，从而促进企业更进一步的发展。在这样的基础上，建设规范化的财务会计核算体系来记录企业经营资金运动过程，不仅能够为企业发展供给更加科学可靠的会计信息数据，而且能够为企业经营管理提供更好的服务。[①]

（二）加强企业财务会计核算体系规范化的路径

1. 提高财务会计核算人员综合素质

企业想要将财务会计核算工作的作用更加充分地发挥出来，达到可持续发展的目的，就必须有效提高财务会计核算人员自身的综合素质，加强企业财务会计核算体系规范化路径，为企业长期发展作出有价值的贡献。对人员素质的培养，可以从以下两方面进行。

首先，全面了解财务会计核算人员的主要职责。企业管理者必须加强对财务会计核算人员责任落实的重视程度，编制出更加明确的工作责任制度，并且要细化到个人岗位责任等。此外，还需要编制出相关的责任考核机制，以增强财务会计核算人员的责任意识和工作动力。

其次，企业不仅要建立健全培训机制，而且要加强财务会计核算工作人员的培训工作。只有对财务会计核算人员进行科学合理化的培训工作，才能有效提升财务会计核算人员自身的综合素质。贯彻落实培训考核机制，还要倡导并鼓励他们积极主动地参与高水平的专业考试，有效提高财务人员业务水准以及专业素养，提升他们的工作效率。在这样的基础上，财务人员在业务流程中应有的积极作用才能更加充分地发挥出来。

2. 加强对财务会计核算的重视程度

企业管理者必须加强对财务会计核算有效开展的重视程度，将企业财务管理以及财务会计核算工作等进行更加科学合理化的融合，从而有效提升财务会计核算，加强企业财务核算体系的规范化。另外，针对企业具体经营过程中遇到的突发状况，通过合理的岗位设置，财务人员的职责也会更加清晰，这样才能将财务会计核算当中的数据价值更加充分地体现出来，保障企业在长时间稳定健康发展的前提下，达到企业经济效益最大化的目的。

3. 引入大数据，实现财务会计管理信息化

企业只有不断更新相关的信息设备，才能保障企业财务信息的真实有效性，避免财务资金信息出现遗漏的状况。除此之外，企业内部还需要建设财务信息数据库，实现财务信息共享，通过不断强化财务信息管理工作，实现企业财务会计核算体系的规范化路径。

第二节 企业财务会计管理模式的创新与思考

企业财务管理在确保企业各项收支保持平衡的同时，应当有利于规避企业经营过程中出现的各种潜在风险。在开展过程中，通常将企业财务会计的管理划分为财务组织架构和

---

① 郭真真．企业财务会计核算体系规范化路径初探［J］．中国市场，2020（35）：142－143.

财务管理两个方面，前者是指企业应该按照架构和内部关系，将不同的项目和盈利方式进行区别，并且通过科学地利用组织架构实现企业更好的发展运营；后者则主要指企业应对各个工作部分进行控制和计划。

一、当前企业财务会计管理模式的作用

互联网为企业的财务会计管理提供了新的思路。在网络环境下，企业的财务会计管理模式也具有更为重要的意义，主要体现在以下两个方面。

首先，多元化的目标。在网络影响下，企业结构呈现了较大的变化，企业的分支涉及领域相对较多，创造的利益和企业的发展目标也相对呈现多元化趋势。同时，虚拟化是网络的一个重要特点，由此可以创造出许多新的价值。

其次，在网络背景下，企业财务会计的管理对象发生了变化。企业应该投入更多的精力来维护企业信息。

二、当前企业财务会计管理模式的创新与思考

（一）提前制订方案，规避财务风险

为了更及时地发现财务风险，企业应该做好风险防控。对于可能出现的问题，提前制订防范方案；对于已经出现的问题，根据已经制订的工作方案，妥善加以解决，尽最大努力规避财务风险。

（二）完善财务管理模式制度

企业的发展必须依据完善的制度，才能更具有合规性。因此，企业应该建立健全财务会计管理制度，为工作人员提供标准和指导。另外，在具体的管理制度中，也应该包括对于财务人员的奖惩制度。

在具体的制度制定过程中，应该充分考虑到企业的实际情况，制定出适合企业当前阶段和长远发展的制度。制度制定之后，也应该有一定的适用期限。在这个期限当中，逐渐发现问题并且改善问题，对制度进行调整和完善。同时，为了更好地适应变化环境，应该及时调整企业管理模式。企业管理人员应该充分利用互联网带来的优势，从外界汲取经验，寻找适合企业发展的管理模式。尤其是对企业财务管理而言，更应该具有开拓精神，创新财务管理模式，使财务工作能更好地为企业的全方位发展提供帮助。

（三）建立健全预算管理及监督体系

企业管理制度中应该包括预算，甚至在必要的时候，应该为企业预算制订单独的管理体系。对企业而言，预算是非常必要的，企业应该在内部建立专门的预算管理部门。同时，在预算管理中设立专门的监督体制，第一时间监督预算工作开展得是否科学合理。

（四）创新财务会计信息的存储方式

在互联网背景下，通过计算机记录会计资料是非常便利的。企业应该充分认识到这一

便利，用互联网替代传统的纸质模式，提升财务会计人员的工作效率和准确性，将更多的时间投入到更重要的工作当中。

（五）企业应提高财务会计人员的整体素质水平

互联网时代加速了企业财务会计工作的更新换代程度，财务会计人员需要掌握更多的知识和技能。当前，对财务会计人员素质和专业水平的提升，主要通过两个方面：一是财务会计人员要不断强化自身的专业水平和技能，以适应不断变化的时代背景，以更专业的姿态投入到会计工作中；二是在人员选择时应该注重考察人员的学习能力，应在不同阶段为财务会计人员安排不同的专业培训，创作更多学习交流的机会，使其处于良好的学习氛围当中，为企业创造更多的价值。

第三章　企业财务会计的风险分析

企业财务会计在实施的过程中，必然存在风险性。本章将对企业财务风险、企业财务会计外包的风险类别及成因进行分析，并阐述优化企业财务会计风险管理工作的重要手段——内部审计在其中的应用。

第一节　企业财务风险分析

一、财务风险相关概述

（一）财务风险的概念

对财务风险的理解分为狭义、广义两个方面。狭义的财务风险是指债务资本在全部资本中的比重变化所带来的风险，是企业无法偿还债务的可能性。广义的财务风险是指受企业内外部因素的影响，企业收益与预期相偏离而导致企业受损的风险，它贯穿了企业经营管理的全过程，涉及企业筹资活动、投资活动以及营运活动等。[①]

（二）财务风险的特征

财务风险的特征主要有以下几个方面。[②]

1. 客观性

财务风险是客观存在于各项企业活动中的，是企业无法避免与消除的风险。因此，企业应当接受这一事实，预防潜在的风险，对已经出现的财务风险进行控制，从而规避企业经营过程中的不可测因素，尽量减轻财务风险对企业财务状况的危害。

2. 不确定性

财务风险最本质的特征就是不确定性，因为在企业外部客观条件不断变化的情况下，可能会激发出新的财务风险；而由于企业内部生产经营状况的不同，有些微小的财务风险可能会给企业造成巨大的损失。总之，正是由于企业内外部的不确定性综合产生了财务风险。

---

① 陈可喜. 财务风险与内部控制 ［M］. 上海：立信会计出版社，2012：1—12.
② 于维洋. 公司财务风险综合评价及应用研究 ［J］. 会计之友，2014（25）：2—8.

3. 损益性

企业财务风险与获利情况成正比例关系。合理选择与自身抗风险能力相匹配的财务发展路径,可以使企业得到更好的发展。

4. 复杂性

与财务风险相关的因素复杂多样,有些因素来源于企业外部环境,有些来源于企业内部环境;有些因素直接引发财务风险,有些间接导致财务风险。同时,不同的财务风险在不同经营状况下企业的表现形式、风险大小、影响范围都是无法把握的,因此,财务风险具有复杂性。

5. 全面性

财务风险存在于企业财务管理工作的各个环节。对此,企业管理者要从大局出发,多角度看待问题,尽可能全面地识别财务风险,保障企业的健康运营,实现企业收益最大化。

(三) 财务风险的成因

1. 外部因素

外部因素包括宏观环境、竞争环境和产业环境。由于企业无力消除这些风险,无法对其进行有效的控制,因此,这些风险也称为系统风险。

(1) 宏观环境。首先,政治稳定性、政府行为和基本政策等会对社会的各个方面产生影响,对企业经营的影响也十分显著;其次,经济政策和法律变化的不确定性增加了企业预期目标的不确定性,并增加了企业面临的经济风险;再次,社会流动性、生活方式的改变、文化传统以及其他社会文化因素,在一定程度上影响了企业的生存和发展;最后,自然灾害是非人为因素造成的无法控制的因素。发生自然灾难时,企业需要采取合理的措施尽可能减少面临的损失。

(2) 产业环境。产业发展通常要经历导入期、成长期、成熟期和衰退期。处于导入期的企业通常会在产品研发和技术改进上投入大量的资金和精力来提高产品质量,并且这类企业存在较高的经营风险。衰退期的企业重点是控制成本,保持充足的现金流。由于产业环境的影响,处于导入期和衰退期的企业波动较大,并且发生财务危机的可能性很高。

(3) 竞争环境。在同一个市场环境中,企业之间的竞争是难以避免的。企业的核心竞争力、增长潜力等是增强企业竞争力的重要因素。

2. 内部因素

内部因素在企业风险发生的过程中通常起到了决定性作用,这种风险也称为非系统风险,包括财务决策科学性不足、财务人员防范意识较弱、内部控制机制不够完善以及资本结构不科学等。

（四）财务风险的分类

1. 筹资风险

筹资风险是指企业由于筹集资金所导致的收益和偿债能力的不确定性。[①] 企业财务活动的起点是筹资活动，而筹资方式往往分为发行企业债券、借款筹资等债务性筹资，以及发行股票、利用留存收益等权益性筹资。

2. 投资风险

投资风险是指企业在进行投资时，因政策变化、投资方向错误、投资成本失控、投资决策不合理等因素而影响实际收益与预期收益产生偏差的风险。[②] 投资可以分为直接投资和间接投资：通过直接投资，投资者可以获得所有权；通过间接投资，投资者能够获取定期收益，且其资本运转较为灵活。相对于直接投资来说，间接投资面临较小的投资风险，但进行投资会伴随着一定的投资风险，投资阶段、投资性质与投资进展不同，所带来的投资风险也不同。

3. 营运风险

营运风险指的是在企业营运过程中，在企业外部环境的复杂性以及企业内部因素的双重影响下，导致企业营运活动滞后，并最终影响企业效益的风险。其影响因素包括应收账款收回不及时、外部资金筹集不及时、企业文化和管理体系存在弊端等。营运风险可以分为营运环境类风险，包括组织架构、企业文化等相关风险；营运活动类风险，包括资金活动、销售业务等相关风险；营运手段类风险，包括信息传递、技术系统等相关风险。

4. 其他财务风险

其他财务风险包括信用风险、技术风险和法律风险等方面。

信用风险指交易双方因某些原因无法实现约定条件，因违约导致对方遭受损失的可能性。[③] 其具体体现在消费者在交易的过程中无法获取满意度、交易环境存在虚假信息等。

技术风险指在科技进步、生产方式升级的影响下所产生的风险，包括技术使用风险、技术开发风险、技术不足风险等。另外，相应的设施与工具不完善、技术使用过程中出现差错等情况，也可能产生技术风险，并且基于互联网的开放性，资金流转信息会更加公开。[④]

法律风险指交易双方的行为可能引发法律的消极评价，进而导致不利后果的可能性。[⑤] 例如，基于新零售处于起步阶段，缺乏相应的法律法规来规范消费者和提供服务者的行为，在双方交易的过程中存在潜在的法律风险。

---

① 陈少华，陈菡，赵文超 . 企业集团风险管控会计内部报告 ［M］. 厦门：厦门大学出版社，2016：62—73.
② 陈少华，陈菡，赵文超 . 企业集团风险管控会计内部报告 ［M］. 厦门：厦门大学出版社，2016：62—73.
③ 张继德，郭旭东 . 基于资金链视角的乐视网财务风险管理 ［J］. 会计之友，2020（04）：129—133.
④ 许莉，贺慕翔 . "互联网＋"环境下会计控制问题探讨 ［J］. 财会月刊，2020（14）：72—77.
⑤ 赵婧一 . 互联网金融财务风险及防控 ［J］. 税务与经济，2020（04）：57—62.

（五）财务风险的管理流程

1. 财务风险识别

企业要通过找出自身财务风险的具体表现形式，即对风险进行识别，思考、判断相关的财务风险应如何进行下一步处理。财务风险识别要求采用适当的方法识别企业各个方面的潜在财务风险。常见的风险识别方法有以下两种。

（1）财务报表分析法。该方法以企业财务报表为依据，将反映企业财务状况的数据进行组合与搭配，剖析财务数据之间的相互关系与发展趋势。它能够帮助使用者更好地了解企业运营特点，判断其财务状况、经营管理以及企业前景是否良好，进而发现企业存在的财务风险。[①]

（2）专家意见反馈法。具体流程是：首先，准备与问题相关的资料，组成专家小组；其次，针对财务风险相关问题征取专家的意见，对专家的意见与想法进行收集、整理、归纳；最后，将汇总后的结果再次反馈并获取新的意见，重复这个过程，直至获取专家小组的一致性意见。该法虽然操作简单、实施方便，但却存在很大的主观意识，对财务风险的评估准确度不高。[②]

2. 财务风险评价

通过财务分析识别出企业财务风险后，采取适当的方法对财务风险进行评价，衡量财务风险的程度，提出有效的财务风险控制对策。常见的财务风险评价方法有以下三种。

（1）单变量判定模型。单变量判断模型是指运用单一的财务指标判断企业产生财务风险的可能性。

（2）熵值法。该方法能够判断指标的离散程度，并且能够合理地对相关财务指标进行赋权。[③]某项财务指标的变异程度与其在评价得分中所起的作用以及权重的大小成正比，与信息熵的数值成反比。目前，熵值法普遍运用于财务风险评价研究中，并在确定指标权重上具有客观性，相比层析分析法、专家调查法等主观赋权方法更加科学、有效。

（3）功效系数法。功效系数法以行业的最优值作为满意值，行业的最差值作为不允许值，基于上述两个标准，结合指标的实际值得出各项指标的得分，之后以汇总后的得分对企业财务风险进行判断与评价。功效系数法采取的数据、结构不受限制，操作性强，评价结果客观合理。

3. 财务风险控制

在对企业财务风险进行识别与评价后，基于掌握财务风险的整体情况，对财务风险提出有针对性的控制对策，其目的在于降低财务风险造成的损失程度，重点在于改变引发财

---

① 徐义明，孙方社．企业财务风险识别研究［J］．财会通讯，2015（17）：96—98.

② 徐义明，孙方社．企业财务风险识别研究［J］．财会通讯，2015（17）：96—98.

③ 侯旭华，彭娟．基于熵值法和功效系数法的互联网保险公司财务风险预警研究［J］．财经理论与实践，2019，40（05）：40—46.

务风险的各种条件。在企业发展中，企业财务风险得到有效控制是其持续经营的前提，根据财务风险发生的时间顺序可以分为如下三种。[①]

（1）事前风险控制。企业在做出相关财务决策之前，需要结合企业内外部因素的影响对财务决策进行预判，如果察觉到潜在的财务风险点，则提前采取预防措施，调整或者终止方案，以确保企业正常运营、健康发展，提高企业风险意识、建立财务风险预警体系等就是有效的事前风险控制措施。具体而言，在做出财务决策前，应直接选取财务风险小的财务方案或者识别出相关业务活动的财务风险，对企业危害较为严重的应当立即停止或者对相关的业务活动进行整改，这样就可以有效地预防财务风险的发生。

（2）事中风险控制。在财务决策实施过程中，企业要关注决策的运行以及行业形势的变化，并加大对企业财务状况、投资方案进度、营运过程的监督。但由于财务风险具有不确定性，随时可能发生，这就要求企业管理者具有较强的敏感度和快速的反应能力，能够及时处理财务风险事件。

（3）事后风险控制。归纳总结已经出现的财务偏差和发生过的财务风险，分析偏离预期结果的原因，更加谨慎地制定企业日后的财务决策。事后风险控制一方面是为了尽量降低财务风险给企业带来的损失；另一方面是为了调整企业决策者的思路，降低同类风险再次发生的可能性，从而对企业以后的财务工作起到警示作用。

二、企业财务风险预警体系

财务风险预警是借助企业的财务报表、经营计划及其他相关会计资料，通过运用多种分析方法，分析预测企业经营活动、财务活动等，发现企业经营管理活动中的潜在风险，并且在危机发生前向企业管理者发出警告，督促企业及时整改的制度体系。财务风险预警本质上是运用多种方法分析企业财务活动的模型，其具有参照性、预测性及预防性等特征。因此，为防范经营中出现的不规范行为，及时发现财务风险因素，企业必须构建完善的财务预警体系。

（一）企业构建财务风险预警体系的必要性

财务风险预警能够实现对企业经营全过程的监测，及时发现财务风险发生征兆。企业财务风险的发生属于长期过程，是受内外多重因素影响而形成的。面对竞争日益复杂的市场环境，企业财务风险管理压力越来越大。经调查发现，当企业财务风险表征表现出来并被企业财务人员发现后，就已经产生了负面影响，需要企业投入更大的成本来解决财务风险问题。而财务风险预警体系的构建就可以达到监测的目的，通过分析各项财务数据，及时发现财务风险发生的征兆，制订出最适合企业财务管理的方法。

财务风险预警体系能够及时识别财务风险，防止财务风险扩大化。首先，通过财务风

---

① 陈可喜. 财务风险与内部控制 ［M］. 上海：立信会计出版社，2012：1—12.

险预警体系对企业以往的财务数据等进行分析，通过财务风险预警模型对财务数据进行准确的核算；其次，利用财务风险预警指标对关键数据进行计算，根据预警计算结果对企业财务管理的薄弱环节进行综合分析，以此准确地提出整改措施。

财务风险预警体系能够有效控制财务风险，提升财务管理效率。财务风险预警控制功能主要体现在识别财务风险后可以及时控制潜在的财务风险，并且可以采取有针对性的措施防范和化解财务风险。同时，使用财务风险预警体系能够及时发现产生企业财务风险的原因，并且按照预定的企业战略目标，制订相应的解决对策。

（二）企业财务风险预警体系构建

1. 企业财务风险预警体系构建原则

基于企业所面临的财务风险，企业财务风险预警体系构建必须遵循以下原则：一是树立财务风险意识。财务风险预警机制的主要目的是防范企业财务风险，因此，树立财务风险意识是财务风险预警体系构建的基础；二是强化财务管理，加速资金周转。资金是企业生产发展的动力，为降低企业财务风险，企业必须通过完善的财务风险预警体系，加快资金周转速度，提高生产效率；三是识别各类经营管理风险，增强企业财务运作能力。

2. 财务风险预警指标设计

影响企业财务风险的指标主要包括偿债能力、盈利能力、运营能力以及发展能力。

（1）偿债能力。偿债能力主要是到期债务的企业偿还能力。对于偿债能力的评价主要是从资产负债率、速动比率两个方面进行。速动比率主要是衡量立即变相用于偿还到期负债的能力。如果企业的速动比率较低，则表明企业持有可变现的资金就少，影响企业的到期债务偿还能力。

（2）盈利能力。获利是企业生存与发展的基础，对企业盈利能力的评价主要从总资产报酬率、净权益净利率和主营业务利润率等方面进行。

（3）营运能力。营运能力是客观评价企业经营情况的指标，而在企业生产管理中，资产的周转速度、周转周期是影响企业营运的关键因素。因此，选择总资产周转率和存货周转率作为企业营运能力的评价指标。

（4）发展能力指标。发展能力反映企业的成长性，是企业在经营活动过程中通过不断扩展而积累的发展潜能。在财务风险预警指标选择上，主要是以资本积累率、销售增长率为评价标准。企业的销售情况是影响企业财务风险的重要因素之一，需要企业积极转变市场战略，优化产品结构，加快对国内市场的开发与拓展。

（三）企业财务风险预警体系实施

1. 优化企业组织架构，建立财务风险预警岗位

目前，部分企业财务风险发生的很大原因是缺乏财务风险预警机构，基于企业规模的不断扩大，要对内部组织架构进行优化设计，组建财务风险预警岗位。一是加强人才引进，专门设置财务风险预警岗位。企业要加大人才引进力度，聘请高素质的财务人员从事

财务风险预警工作；二是强化财务风险预警工作，构建财务风险预警领导小组。其中，小组长由主管财务工作的企业副总经理担任，这样可以实现对财务风险预警工作的高效管理。同时，为了保证财务风险预警领导工作的质量，企业要将业务部门的管理者纳入财务风险预警评价组织体系。

2. 加强内部控制管理，构建风险管理体系

企业要加强内部控制，构建全过程的内部控制管理体系。一是企业要加强存货的管理。存货对企业财务管理工作起着重要作用，因此，企业要加强对存货的科学管理，利用大数据技术构建存货管理系统，实现存货与市场的对接；二是构建全过程的财务风险管理体系。企业要结合企业的经营管理要求，构建事前、事中以及事后相结合的内部控制评估体系；三是要重视内部控制绩效结果。企业要高度重视内部控制，将内部控制考核结果作为企业经营管理整改的引导，保证各项问题得以根本解决。

3. 加强成本管理，做好税务筹划工作

企业必须加强成本管理工作，严格按照各项管理制度的要求做好财务分析工作，尤其是要按照最新的财务报表要求编制财务信息，防止因财务数据不准确而出现错误。另外，企业要加强对各项优惠财税政策的学习，做好税务筹划工作。

4. 提高财务人员专业技能，增强管理者风险意识

企业管理者作为企业财务管理工作的主要负责人，财务人员作为财务会计的核心，必须加强对财务人员的培训，提高财务管理人员的专业技能。

第二节　企业财务会计风险管理中内部审计的应用

内部审计作为企业会计业务有效推进的重要环节，是优化企业财务会计风险管理工作的重要手段，它能够从企业发展的纵向与横向两个维度为企业财务会计风险提供科学合理的预判和指引，是企业财务会计风险管理工作有效发展的基石。在此，笔者以内部审计价值为中心，对企业财务会计风险管理应用进行研究，对于优化企业结构、规避企业风险具有重要意义。

一、企业内部审计概述

（一）企业内部审计的内涵

内部审计是指组织内部的一种独立、客观地监督和评价活动，它通过审查和评价经营活动及内部控制的适当性、合法性和有效性促进组织目标的实现。内部审计能够合理地评价与预测企业运行过程中遇到一些特殊性状况所采取的措施和策略，推进企业各部门之间的沟通与体系完善，降低企业运行中的风险发生概率，实现企业财务会计风险的有效管理。

（二）企业内部审计的主要职责

内部审计在企业财务会计风险管理中具有预测风险、控制风险、咨询服务三大职责。预测风险就是通过企业经营管理过程中的数据呈现，对企业经营活动中的各项活动进行风险评价，合理反馈企业项目内容的风险状态，引导企业会计部门通过反馈结果对企业当前的经营发展态势做出相应判断，提前应对企业风险。控制风险则是以风险预测为前提，以内部审计工作中所呈现的风险结果为指标，有针对性地检查与纠正风险管理结果中的重大风险因素，实现对企业风险的控制。咨询服务是内部审计部门在企业经营管理过程中，有职责对企业各类信息进行咨询、对风险进行预警、提供各类经济活动的建议，为企业的长足健康发展提供完善的支撑力量。

二、内部审计在企业财务会计风险管理中的应用价值

（一）有利于提升企业的风险防控能力

内部审计是一种相对独立、客观的确认和咨询活动，它以自身独有的工作属性与工作职责为企业会计提供必要的风险管控。因此，在企业会计行业中积极履行内部审计工作职责，可以对财务管理以及企业内部的资产起到重要的监督作用，从纵向与横向两个维度提高企业风险的防控能力与工作效能。

（二）有利于提升企业的经营管理水平

内部审计以其独有的优势在企业经营管理过程中发挥着不可替代的作用，这是由于内部审计的工作重点在于其可以有效地针对企业内部活动开展必要的内部控制工作。从企业的经营管理视角来看，内部审计不仅渗透于企业内部的各个方面，而且可以优化企业内部的管理、经营、生产等各方面工作，有助于提升企业的经营管理水平。

（三）有利于完善企业内部控制机制

内部审计在企业内部具有相对独立性与客观性，它可以在经营目标与经营策略中起到一定的控制与监督作用，为企业提供科学合理的发展建议和发展规划，也能够为企业内部管理制度建立完善的发展评价标准，保障企业在经营活动中的正常运行与健康发展。

三、内部审计在企业财务会计风险管理中的有效运用

（一）建立专职机构，保证审计工作效能

企业要想增强会计风险管理能力，就必须以完善内部审计部门的工作职能和保障其独立性为前提，建立内部审计专职机构，推进企业内部管理机制与运行体制的结构优化。同时，企业需要进一步明确审计部门及审计人员的工作权限，以制度或企业规范完善机构建立，提升审计部门的权威性和实效性，增强内部审计工作的透明性与公平公正性，促进企业长远发展。

（二）明确内部审计目的，重视审计工作实施

进一步推动企业内部审计工作的有效进行，在具备明确的审计目的、良好的实施计划下，充分发挥内部审计对企业财务会计风险管理作用具有重要意义。明确内部审计的目的需要审计人员切实认识到内部审计工作的重要性，为企业财务稳定运行提供坚实的基础，并为企业财务管理提供有效保障，避免企业在经济竞争与创新过程中的资产流失。

（三）加强审计信息化建设，完善审计制度

在信息化时代背景下，企业内部审计工作不仅需要依据传统要求，而且需要审计人员进一步明晰审计工作与会计风险的关系，加强信息技术的应用，以便企业根据风险态势做出相应的应对策略。基于此，企业应当加强审计信息化建设，运用大数据、云计算等人工智能信息技术和媒体设备，从硬件到软件全面加强相应投入，提高内部审计工作的全面性、精准性与实效性；通过信息化建设优化审计内部环境，促进审计工作有序进行和良性发展。

（四）加强对审计人员素质培训，提高审计质量

内部审计在企业运行过程中起到了既独立又联系的作用，对于有效规避企业财务会计风险具有重要作用。因此，在企业的发展过程中应该充分重视内部审计职能，强化内部审计的人员素质、制度建设、体制机制等多重因素，保证内部审计工作对会计风险管理作用的有效发挥，从而推动企业全方位的高质量发展。

第四章　企业会计信息披露问题分析

近年来，国内金融市场的发展速度逐渐加快，市场竞争愈发激烈，企业会计信息披露违规的问题也日益尖锐。本章首先阐述了会计信息披露相关基础内容；其次对会计信息披露问题进行分析，具体以新三板企业为例；最后从内部治理与外部监管两个方面提出完善企业会计信息披露的建议。

第一节　会计信息披露概述

一、会计信息披露相关概念

（一）信息披露含义

信息披露指的是上市公司以上市公告书、招股说明书、定期或者不定期的财务报告等形式，向企业的利益相关者或社会公众等信息运用者客观呈现企业的财务及运营状况、经营成果和现金流量等信息。这些信息是上市公司与信息使用者沟通的桥梁，包括货币及非货币信息，只有上市公司客观、真实、全面、充分、及时地披露相关的企业信息，信息的使用者才能运用这些信息进行科学合理的决策，这也有利于优化货币市场的资源配置，维护货币市场的稳定及健康运行，由此说明高效、合理以及健全的信息披露机制对证券市场的健康运行尤为重要。

（二）会计信息披露

会计信息披露是指通过进行相关的会计记录，辅以科学的预测，反映会计主体在过去、现在以及将来的资金运动轨迹。这些运动轨迹可以转化为人们可以接受并且理解的具体信息以及数据，主要是以财务报告、财务报表或者附注为载体。其展现的是企业在一定时期内的经营情况及资本运转的状况，是评价企业经营业绩或者组织再生产和进行投资决策的重要依据。会计信息披露是企业信息披露中十分重要的一个方面，它根源于企业所有权与经营权相分离以及随之形成的委托代理关系，这种委托代理关系不仅存在于具有信息优势的代理人和占据不利地位的委托人之间，而且存在于特定信息使用者和管理部门之间。同时，会计信息披露不仅局限于上市公司，非上市公司也可以运用会计信息披露这个手段向利益相关者及市场传达良好的经营信号。总之，会计信息披露是社会财富进行协调分配的基础和关键，完善会计信息披露机制也是资本市场得以健康长远发展的必要条件。

二、会计信息披露相关基础

（一）会计信息披露的形式

为保证上市公司会计信息披露的质量，我国先后颁布了一系列的法律法规。在最新的明文规定中，要求上市公司必须公开披露的信息有：上市公告书、定期报告、临时报告、招股说明书。这些公开信息可以根据披露时间分为两类：一类是初次披露；另一类是持续披露，具体如图 4-1、4-2 所示。

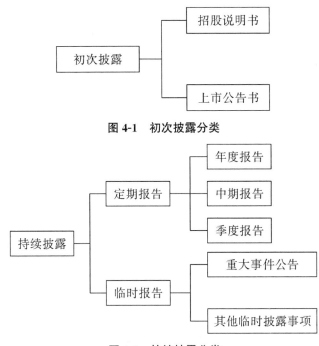

图 4-1　初次披露分类

图 4-2　持续披露分类

（二）会计信息披露的要求

严格遵循会计信息披露的质量要求是信息使用者的第一道保障。目前，我国针对强制性披露的会计信息，要求其具有及时性、重要性、审慎性、完整性、相关性、可靠性、可比性、可理解性。这八大性质互相关联、互相制约，只有这八个性质同时具备，我们才认为该会计信息披露的质量是有效的。

及时性原则。该原则要求上市公司在披露会计信息应该及时。主要表现在：上市公司内定期报告的公布是否在规定的期间内、有关公司的重大事项是否及时报告和披露、上市公司披露的信息能不能反映公司最新动态等。如果上市公司做不到及时披露信息，那么将导致投资者的投资行为出现滞后，甚至还会损害投资者的利益。

重要性原则和谨慎性原则。这两个原则往往视为共同体，相辅相成。其中，重要性原则要求会计信息核算过程中和处理交易事项时，应该根据其对应的重要程度采用不同的方式灵活处理；谨慎性原则要求我们在处理会计信息的同时，保持应有的职业判断和谨慎怀疑态度，合理核算发生的经济事项，即所谓的"不可高估资产，也不能低估负债"。

完整性原则。上市公司应该做到充分、全面地披露信息，特别是对投资者决策有影响的相关信息，不可以漏报、瞒报、谎报对公司影响不利的会计信息。与此同时，上市公司对潜在会产生影响的信息或事项也应该进行披露。

相关性原则、可比性原则、可靠性原则以及可理解性原则都是针对会计信息披露的内容而提出的。这几项原则对上市公司披露的会计信息提出了要求，并且要求披露的会计信息不能具有误导性陈述，也不得故意遗漏重大事项，并且还要符合横向可比和纵向可比的原则，便于信息使用者理解和比较相关内容，做出合理的投资决策。

（三）会计信息披露的作用

上市公司对外披露会计信息时，可能会因为成本原因而尽可能减少非强制性披露的内容，这将会造成上市公司与外界投资者的信息不对称。基于此，企业不断完善的会计信息披露制度能最大限度地保证信息质量，尽可能减少降低信息不对称情况的出现，从而保护信息使用者的合法权益，维护市场的稳定发展。

1. 维护信息使用者的合法权益

信息使用者在信息获取程度上处于劣势地位的原因主要有以下两方面：一方面是因为大部分上市公司对非强制性披露的信息采取不披露的方式；另一方面是因为部分上市公司会选择性地遗漏不利于自身的信息，导致披露不完全，这都会损害信息使用者的利益。因此，保障会计信息披露的质量能够最大限度地减少资本市场出现信息不对称的情况，有助于投资者做出合理决策，维护投资者的合法利益。

2. 有助于社会资源合理分配

合理配置社会资源是上市公司的主要职责之一，而披露真实的会计信息是有效配置社会资源必不可少的条件。上市公司可以通过合理、合规、合法地披露有效的会计信息，使信息使用者做出更加合理的判断，促进金融市场有效运转，使得各要素的分配更加合理，从而引导社会资金流动方向，达到社会资源合理配置的目的。

3. 遏制违规违法行为

会计信息披露质量要求明确规定上市公司披露的会计信息应当真实、可靠、及时，要达到这些要求，各部门、各环节必须恪尽职守，担起应有的责任，也要为违规违法的公司承担相应后果，并且还有助于引导上市公司会计信息披露质量健康地发展，以此遏制上市公司因代理问题产生的违法违规行为。

（四）会计信息披露违规的类型

按照会计信息违规披露的表现形式来区分，可以大致分为虚假陈述和延迟披露两类。延迟披露往往是上市公司为了保障自身利益而没有及时披露会计信息的行为；虚假陈述的表现形式则比延迟披露更为丰富，可以细分为虚假记载、重大遗漏、误导性陈述。其中，虚假记载是财务舞弊中的常用手段，常常以虚构利润和虚构资产等形式表现出来。

二、会计信息披露相关理论

(一) 委托代理理论

委托代理理论是在 20 世纪 30 年代由美国经济学家提出来的，其主要内容基于所有权与经营权的分离，强调的是在所有权与经营权相分离的情况下，委托人与代理人之间产生信息不对称问题以及由此导致的二者间的利益冲突，委托人如何能最大化地避免这些问题，最大化地激发代理人的潜能。另外，还说明委托代理问题不仅存在于股东与管理层之间，而且存在于大股东和小股东之间。

第一，委托人和代理人之间会产生信息不对称问题。代理人作为公司的实际参与者和经营者，必然对公司的整体运营情况更加了解。而委托人虽然作为公司的实际控制者，但由于其了解公司的渠道主要是通过企业定期发布的财务报告以及相应的审计报告，这些信息相对来说会比较片面，并没有反映公司运营的方方面面，尤其是如果经营者为了自身利益而利用各种手段粉饰财务报表，财务报告失去了其应有的客观公正，此时，委托人处于信息弱势的一方，信息是有价值的，代理人很有可能会运用自己的信息优势地位进行暗箱操作，以最大化自己的利益。此外，上市公司的股权较为分散，且大多是个人持股，机构持股的比例相对较低，这就导致了"搭便车"的问题，即公司股东不会花过多的精力关注企业的真实经营情况，也不会对公司披露的相关财务和非财务信息进行甄别监督，这在某些方面为管理层为自己谋私利提供了便利。

第二，委托人和代理人之间存在利益冲突。尽管代理人在名义上是代表委托人的利益进行相应的决策，但在实际生活中，代理人和委托人的利益并不一致，如委托人一般希望股东价值最大化，因为委托人通常会关注企业绩效的提高和利润的增长、企业在资本市场的整体表现以及企业的未来发展潜力，但代理人会过多地关注自身的报酬和短期的经济利益，会因未达到利润预期而从事一些高风险的项目，或进行高额的借贷，增加企业的负债和以后的还款压力，甚至采取保守的策略规避企业风险，从而延缓技术更新或错过重大的发展机会。更重要的一点是，尽管委托人可以对代理人的经营成果进行指标量化的衡量，但是这些量化指标的真实性和有效性并不能得到有效的保证，导致委托人很难对代理人的行为进行监督与评价。因此，及时有效的会计信息披露对委托人维护自身的利益十分重要，也可以缓解二者的利益冲突。

(二) 信号传递理论

信号传递理论是基于信息不对称实现的，企业经营者占据有利的信息地位，因而利益相关者会尽可能地利用上市公司的各种相关信息做出对自己有利的决策。例如，上市公司的资本结构调整、相关的股利发放政策、利润及融资都可以向市场传递某些信息，这些信息都会影响利益相关者的决策。通常而言，上市公司的股票价格对这些信息的敏感程度较高，尽管股票价格对市场信息的反映存在滞后性，但是在有效市场假说的前提下，市场信息最终会反映在股票价格中。因此，当上市公司宣布发放股利时，通常向市场释放了一个良好的信号，即公司对于未来的发展状况十分有信心，并且可以保证持续稳定的股利支付率，这时候投资者对股票的估值会上升，股东的价值也得到了提升；当企业有着良好的发展前景，并且宣布调整资本结构或增加债务融资的比例时，反映出企业想充分利用财务杠杆效应增加普通股的每股盈余，这也是一个利好的消息。但同时，信号传递理论也有一定的局限性，股利的支付固然可以传递良好的信号，但是可以维持的股利支付率才能真正增强投资者的信心，如果股利支付不能维持，基于投资者规避风险的心理，其带来的恶劣影响会更大。再者，对不同发展周期的企业，其股利支付也会有不同的特点。对一些高速增长的企业，一般股利支付率较低，但这并不意味着企业的未来发展受限；相反，有些上市公司由于没有好的投资项目，因而股利支付率较高，但是股利支付在未来很可能是难以维持的。综上可知，很多上市公司的财务造假、会计信息违规披露以及价格操纵都是为了向市场传递公司经营情况良好，并且有足够的未来发展空间的信号。

（三）舞弊三角理论

上市公司的财务舞弊行为可以看作是资本市场发展的毒瘤。可以看到，尽管我国的监管制度和相应的法律法规在一步步地完善，公民的法制意识和自我保护维权意识也在不断地提高，但上市公司的财务舞弊现象仍然存在，有些甚至在首次公开募股发行时，就通过财务造假来获得上市资格。因此，在进一步地完善国家相关法律法规，加大违法处罚力度以及完善公司内部治理的同时，弄清楚上市公司财务造假的成因十分重要，这对从源头上最大限度地降低财务舞弊至关重要，毕竟财务舞弊的早期识别有时候比防范更重要，而且识别财务舞弊的方式并不是简单地进行数据的整理分析，要综合各方面的因素进行整体的分析，才能最大限度地降低财务舞弊的发生概率。舞弊三角理论研究的正是上市公司舞弊行为的原因。该理论把上市公司的舞弊成因主要归结于压力、机会以及自我合理化三个方面，任何一项企业舞弊行为都必然由这三方面共同组成，三者缺一不可。

压力是财务舞弊的行为动机，管理层基于某种压力，出于维护自身利益的考虑而做出违法违规的行为，这些压力主要包括经济压力、社会压力和与工作相关的压力，既有与管理者自身相关的内部因素，又有外部因素；既有财务动机，又有维持自身声誉和形象的非财务动机，主要表现在当企业利润未达到预期，或企业面临着资金短缺的风险时，为了获得银行的借贷，取得投资者的信任，并且维护自己经营者的地位和利益，管理层会想方设法地美化财务报表的数据，虚构相关的业务，或者隐瞒费用支出和重大的关联方交易；或者是管理层对于目前所取得的社会地位和财富并不满足，寄希望于财务造假来为自己争取更多的利益。其实压力因素中最重要的就是经济压力，无论是从管理者自身来看，还是从公司的角度来看，其归根结底都是为了争取到更多的经济利益。

机会主要是指因为某些因素给财务舞弊者提供了契机，使其财务舞弊的行为被掩盖而不被发现，即使被发现，相比于财务舞弊带来的巨额收益，舞弊带来的惩处后果也是微不足道的，在预期范围内是可以承担的。为财务舞弊者提供机会的原因主要有以下几个方面：企业内部控制不到位，不能及时地发现舞弊行为；信息不对称；对违法违规行为的惩罚力度不够；外部审计没有充分发挥其作用，甚至充当了财务舞弊的助推器。

关于自我合理化因素，当财务舞弊者或企业面临巨大的财务压力且有机会实现舞弊时，通常会给自己一个看似合理的理由来说服自己，使自己的违法违规行为合理化，并且使舞弊行为与自身的行为准则和道德理念不相违背。因此，从绝大多数的舞弊者自身来说，他们并不认为自己的行为有什么错误，相反，他们会认为这些不当得利是自己应有的，是自己争取到的属于自己的东西，并且觉得自己的出发点是好的，是为了公司的大局考虑。这种"自我合理化"导致财务舞弊者不能清醒地认识到自己的不端行为所带来的危害和恶劣的影响。

（四）利益相关者理论

利益相关者理论是在 20 世纪 60 年代逐渐发展起来的，它逐步带动了企业管理方式的变化。传统意义上，个人或机构持股的股东是上市公司的实际拥有者和控制者，而管理层作为代理人，应尽可能实现股东价值最大化。但在现实生活中，我们可以发现如果一家企业只以股东价值最大化为经营目标，会产生很多问题，这些问题会危害很多主体的利益，包括企业的员工、上游供应商、企业债权人、同行竞争者、消费者、承销商、各级政府以及媒体。同时，如果一家企业只关心股东的利益，而忽视这些利益相关者的利益，那么企业得不到长远稳健的发展，得不到地方政府的扶持与照顾，也得不到消费者的信赖和认可，更有甚者，导致企业滋生一系列违规违法行为。因此，现代企业管理理论认为股东虽然在企业占有绝对的领导地位，但股东对企业的影响力在逐步削弱，相反，利益相关者对企业的影响力在加大。利益相关者理论下，上市公司应做到以下两点：一方面，上市公司在做出相应决策或战略规划时，要充分考虑对利益相关者会产生的影响，如果会对利益相关者产生恶劣的影响，如产品生产过程排污不达标，会严重的污染环境，造成严重的生态破坏；企业产品不达标，会对消费者的身心健康造成影响；抑或企业从事高风险的项目，可能造成对债权人的还款压力，那么公司经营者应该保持审慎的态度，对要做出的决策或战略应进行重新评估，衡量利弊，并加以更改。另一方面，上市公司应该足够透明，在不泄漏商业机密或者严重危害企业合法合理的利益的情况下，应该充分披露与企业相关的信息，这些信息既包括财务信息，也包括非财务信息，要为利益相关者监督职能的发挥提供有力的保障，利益相关者监督职能的发挥有利于保障企业合法合规地进行生产经营和信息披露，也有利于完善现代企业制度和稳定市场秩序。

第二节 完善企业会计信息披露的建议

一、内部治理方面

(一) 加强控股股东约束

控股股东在企业发展状况、经营决策等方面都有着决定性的作用，如果控股股东利用自身权力侵害公司利益，通常会借助违规披露会计信息掩盖其违法的行为。因此，说明虽然集中的股权结构有一定的优势，但是也存在许多弊端。例如，某数字公司中其他股东占有的股权份额较少，关氏姐妹占有的股份较多，因而能够在董事会上对公司的日常行为起到决定作用，导致大股东的行为缺少限制，存在许多风险，而有效的控股股东约束有助于规避风险。总而言之，公司内部治理离不开真实有效的会计信息披露，高质量的信息披露是公司运行和决策的前提，合理的控股股东约束有利于公司长远发展。

首先，可以适当调整股权结构，引入机构投资者，建立多元化的股权机制。由于机构投资者具有专业知识能力，资源优势比较显著，在稀释大股东股权的同时又可以对公司管理层进行更严格的监督，从而有效遏制权力滥用的现象。适当调整股权结构则有利于协调企业中小股东和大股东间的利益冲突，有效保护小股东的权益，减少信息不对称的情况和信息披露违规行为的发生。

其次，公司内部可以建立合理的回避制度，避免过多亲属在公司内部担任重要岗位，有效发挥股东大会职能，保证其他股东的基本利益。例如，在某数字公司中，由于关氏姐妹四人在公司内部均担任重要岗位，四人持股比例相加比重较大，有着绝对的决定权，给公司信息披露带来了潜在风险。

最后，控股股东应当自觉增强法律意识和风险防控意识，加强自我约束，提高自我道德底线，尊重法律法规和市场经济秩序，避免滥用权力。控股股东在公司决策时处于支配地位，滥用权力将会直接影响整个公司，当控股股东做出违规决策时，不仅是对法律的践踏，而且势必会影响到广大中小投资者和众多员工家庭。所以，控股股东应从根本上增强意识站位，形成有效的自我约束和道德规范是有必要的，这将为公司长久发展提供良好的思想基石。

(二) 强化企业内部监督

内部监督有助于降低企业经营风险。相对外部监督来讲，内部监督者能够更方便地获取公司的经营状况等信息，且监督成本相对较小，便于及时全面地行使监督职能。薄弱内部监督机制通常会影响公司管理机制，比如若公司缺少有效的内部约束，很容易出现工作懈怠的现象，为违法活动提供可乘之机，这说明注重内部监督环节的优化是很有必要的。如果内部监督出现问题，应当进行全面清查，查找出现重大缺陷的原因，及时调整优化现有的内部监督体系，强化企业内部监督，具体从以下几个方面进行。

首先，应当完善监事会职能，建立权责明确的监事义务。部分公司的监事由于职能划分尚不明确，在具体执行中可能某方面职能产生重叠或空缺，不利于监事会行使权力。监事会作为监督机构，是公司治理机制的重要组成部分，在企业日常监督管理起着不可或缺的作用，对企业会计信息披露有着积极的监督作用，公司应当对监事会加强重视。另外，由于监事会不仅包括对股东行为的监管，而且包括对企业财务状况的监管，所以监事会主席选用过程中要严格按照法律规定进行，选择有足够专业知识以及丰富从业经验的人担任，保持监事会的独立性，防止其因个人私利或其他原因做出损害公司和股东利益的行为。同时，为了满足公司日常发展需求，监事会成员需要不断丰富专业知识，提高自身专业水平，即应当安排专业知识较强、思想道德较高的人员负责公司的内部监督工作，及时找出企业信息披露缺陷，并针对性进行改进。此外，还可以邀请相关领域的专家和学者对公司的监事会成员进行定期或不定期的培训，包括专业技能和思想意识方面，辅助企业建立良好的监事会内部监督体系，帮助监事会成员不断提升专业技能，明确自己的工作责任，增强工作的主观能动性，树立正确的行为规范。

其次，可以加强独立董事的作用。董事会是企业的常设机构，在企业内部有较大的权利，但董事会在做出经营决策的同时，也需要承担对管理者监督责任，应当规范董事任职资格，优化董事会构成，有效发挥独立董事的作用。如果企业实际控制人对董事会的掌控程度较高，很容易造成信息的违规披露，加强独立董事的作用则可以大大降低企业实际控制人违规披露的机会。所以应当加强对独立董事的重视，不断完善独立董事的相关制度，有效发挥独立董事职能。但要注意，由于独立董事不参与企业日常的生产经营活动，独立董事相对于其他董事而言，获取的信息往往较少，不利于行使对企业的监督职责。所以应当保障独立董事与其他董事享有相同的知情权，独立董事享受到应有的权利之后，才可以更好地监督企业。同时，还可以建立责任追究机制，发挥独立董事的监督职能和制衡作用，保证信息披露质量。另外，还可以建立独立董事评价制度，根据独立董事履行职责的情况、信用等方面进行考评，将考评结果记入个人诚信档案，以此规避独立董事的不规范行为，对其形成有效约束，进而从多个方面加强独立董事的作用，规范内部监督，有效规避信息披露违规。

再次，企业内部监督离不开每一位员工，应当提高员工的参与度和积极性，帮助员工树立诚信敬业的思想观念，加强法律教育，提高明辨是非的能力，尊重员工意见，鼓励员工自我监督。

最后，制定完善的风险应对机制，注重事前监督，建立一整套科学的、有效的风险预警体系，健全风险评估体系，编制完善的风险应急预案，加强重视并及时完整地公开重大事项和重大风险，提高风险管控监督能力，在违规披露风险来临前，能及时、准确地发现问题，将风险带来的不良影响控制在最小范围内。

二、外部监管方面

(一) 完善相关法律法规

创建一个公平公正的信息披露环境离不开完善的法律法规的约束。随着我国市场的发展，一些企业出于各种不同目的或受不同因素的影响，对相关法律法规置若罔闻。目前，我国对信息违规披露的处罚普遍较低，公司或个人大多只需要承担行政责任即可，需要承担刑事责任较少，缴纳罚款的数额也较低，处罚力度对一些有不法动机的人无法起到有效的威慑和警示作用。

第一，处罚条例前瞻性。随着经济的发展，法律法规的制定与资本市场的快速发展难以适应，法律法规在处理违规披露案件上过于被动，违规披露的行为和手段在不断创新，相关部门在新的违规披露行为和动机出现后才开始制定对应政策。因此，需要政府相关的立法部门应该具有前瞻性，培养精通财务知识和法律条文的双重人才，分析公司会计信息违规披露的原因、方式、危害等，及时制定适应市场环境变化的新会计制度和法律法规，减少会计信息披露违法违规的发生，使市场在公平的环境下进行交易。

第二，有关部门可以适当提高处罚力度。通常来讲，法律责任存在民事责任、行政责任和刑事责任，对待那些违规披露的企业，应当在第一时间对其曝光，同时采取多种责任手段予以严格惩罚。同时，有关部门不仅应当加强经济处罚力度，必要时还要追究相关人员的民事、刑事责任，提高上市公司所要付出的违规成本。此外，还应当建立会计信息披露问责制，当违法违规情况出现时，不仅要追究公司的责任，而且要强化对信息披露责任人的追责制度。观察大多数会计信息违规披露的案件，发现这些违规行为对中小投资者的伤害很大，这是由于中小投资者知识水平有限，自身存在一定的局限性，很难成功举证，无法挽回自身的损失，在一定程度上助长了不正之风，以至于证券市场信息披露违规事件屡禁不止。基于此，有关部门应当建立完善的民事赔偿制度，增强中小投资者的维权意识，利用互联网畅通投资者的诉讼渠道，简化诉讼程序，对利益损失的投资者制定赔偿标准，使投资者的合法权益能够得到补偿和恢复，把企业的法律责任落到实处，在增加违规者违规成本的同时可以更好地保护投资者的自身利益，从而打造更加良好的经济环境，促进我国资本市场的不断完善。

(二) 加强市场环境治理

新三板市场在发展迅速的同时，不完善的市场环境也给会计信息披露带来了挑战。虽然很多小企业在新三板市场通过融资和培育获得了良好发展机遇，但是随着不断的发展，新三板市场各方面制度的缺陷在实践中不断地暴露出来，因此，加强市场环境治理，尤其是新三板环境治理迫在眉睫。

首先，新三板市场可以有针对性设置准入门槛。2019年12月27日，全国股转公司制定的第一批业务规则发布实施，精化市场分层确定不同的准入门槛精选层、创新层和基础层的投资者准入资产标准分别为 100 万元、150 万元和 200 万元。其中，准入门槛与原门槛的 500 万元相比大幅度降低，虽然降低投资者门槛可以大幅提升新三板的流动性，但是一味地降低门槛会使风险增加。基于此，新三板市场可以通过大数据分析筛选出存在风险级别较高的行业，针对风险较高的行业，设置特殊的准入门槛和准入条件，从源头上规避风险，从而控制挂牌企业的增长速度，保证新三板企业的质量。新三板原投资者门槛与精选层、创新层、基础层门槛对比，如表 4-3 所示。

表 4-3　新三板原投资者门槛与精选层、创新层、基础层门槛对比表

原门槛	精选层门槛	创新层门槛	基础层门槛
原门槛需要满足以下两个条件：（1）在最近的 10 个转让日，投资者每天的金融资产必须达到 500 万元或以上。（2）投资者需要具备 2 年及以上的证券、基金、期货投资经历。	精选层门槛需要满足以下三个条件：（1）法人机构需要满足实收资本或者实收股本的总额达到 100 万元以上。（2）合伙企业满足实缴出资总额达到 100 万元。（3）在申请开通之前的 10 个交易日内，名下资产每天均达到 100 万元，且具有相关投资经历。	创新层门槛需要满足以下三个条件：（1）法人机构需要满足实收资本或者实收股本的总额达到 150 万元以上。（2）合伙企业满足实缴出资总额达到 150 万元。（3）在申请开通之前的 10 个交易日内，名下资产每天均达到 150 万元，且具有相关投资经历。	基础层门槛需要满足以下三个条件：（1）法人机构需要满足实收资本或者实收股本的总额达到 200 万元以上。（2）合伙企业满足实缴出资总额达到 200 万元。（3）在申请开通之前的 10 个交易日内，名下资产每天均达到 200 万元，且具有相关投资经历。

其次，可以依据细化的新三板信息披露制度建立自愿披露机制。新三板市场根据分层管理制度建立了不同的信息披露标准，提出了不同的要求。例如，在相关文件中，对精选层公司的披露要求最为严格，总体上参照上市公司，并且定期报告披露内容也最为详尽；创新层企业以分行业披露要求为切入点，执行适中标准的披露要求；基础层公司遵循公开市场的基本披露要求，内容要求可以适度简化。在今后的实践过程中，可以根据经济形势和行业情况，在报告要求、审计要求等方面逐渐细化。目前，我国资本市场信息披露机制是强制性披露为主，自愿性披露为辅。然而，目前自愿性信息的披露是吸引投资者的重要手段。如今，广大投资者的信息需求已经不仅限于强制性披露，鼓励自愿性披露可以激励企业完善信息披露。每个企业进行信息披露的成本和意愿不同，可以建立完善自愿披露机制，完善自愿信息披露的法律法规，对自愿披露行为进行相应的鼓励和引导，让自愿信息披露制度充分发挥出增强投资者信心和市场活力的作用，对信息披露进行深化和补充。另外，可以对自愿信息披露的时间、方式等提出较为具体的要求和指引，但由于目前新三板市场挂牌的企业众多、行业类别涉及各个领域，相关指引可以根据行业类别制订不同的披露内容，以保证企业信息披露的质量和规范，为企业树立一个良好的外部形象，提升企业价值。

最后，充分发挥摘牌制度有助于加强市场环境治理。2019 年，新三板摘牌公司数量超过 1900 家。经统计，摘牌公司中，有一部分是主动申请摘牌，其原因在于转板上市或

被吸收合并，只有少部分因为未按时披露定期报告而被强制摘牌。强制摘牌制度包括多次违法违规、欺诈挂牌、强制解散等多种情形。随着全面深化新三板改革，应当突出摘牌制度的处罚作用。由于现在实行精选层、创新层、基础层不同层次的挂牌公司，既然不同层次的公司准入门槛不同，也可以考虑针对不同层次设置摘牌条件，及时筛选掉不利于经济秩序的挂牌公司。此外，还应当明确强制摘牌依据，将摘牌制度常态化，对多次处罚仍不改正的公司绝不姑息，这也可以对违规披露恶劣行为起到一定的震慑和警示作用，促进市场的规范化和秩序化。

（三）规范券商执业行为

首先，主办券商应当自觉履行对挂牌公司的监督责任，积极利用大数据等创新监管手段提高监管能力，规范自身执业行为；其次，应当不断完善工作体系。在工作中重点关注挂牌公司会计信息披露问题，提高对挂牌公司异常信息的敏感度，及时发现问题、解决问题。相关执业人员应当定期开展自我总结，分析在监管过程中存在的问题，总结经验，对工作中出现的漏洞问题及时查漏补缺；最后，还应当加强执业人员的培训和思想道德教育。执业人员的业务素质会直接影响对挂牌企业的监管水平，主办券商可以定期开展培训，讲解最新会计政策、最新法律法规和违规披露的最新手段，通过丰富的案例帮助执业人员进行业务剖析，有助于今后的监督工作。在思想教育方面，可以让执业人员了解徇私舞弊的严重后果，帮助执业人员自觉树立遵纪守法的意识，设立诚信档案，加强职业道德约束；在处罚方面，对涉及情节严重的个人，可以追究刑事责任甚至取消其从业资格，进一步加大相应的处罚力度，完善责任追究机制，将严格监管常态化，从根本上减少执业人员的违规动机，从而规范执业行为。

可以考虑奖罚并重，规范主办券商执业行为，促进行业持续发展。构建主办券商违规信息披露法律责任体系，主办券商在挂牌公司信息披露过程中起指导、帮助及督导的作用，出于盈利的目的，主办券商将人力物力用在挂牌前的工作，对已经成功挂牌的企业普遍存在不重视挂牌后的持续督导、不严格履行持续督导义务的情况。因此，应当将主办券商列入责任主体范围，强调主办券商怠于履行持续督导义务的法律后果。对没有切实履行好督导挂牌公司信息披露义务的主办券商，可以采取通报批评、限制开展日常经营业务、情节严重造成严重后果的通报给证监会、吊销主办券商的资格，处以较大金额罚款等手段。

此外，还应采取评价激励制度，建立评价评分平台，设立多项多层次的考核评分，更好地帮助主办券商注重改善自身监管水平和执业规范。根据挂牌公司信息披露的质量对主办券商进行评价，评价的分值受挂牌公司的直接影响，如果挂牌公司无违规披露的行为，主办券商评价分值较高；如果挂牌公司存在违规披露的行为，评价分值对应降低，并且评价分值较高的主办券商可以获得一定的优惠政策和荣誉奖励。

综上，通过多种方式积极营造主办券商规范执业氛围，为挂牌公司信息披露合法合规提供有力保障。

第五章　企业会计信息质量提升分析

会计信息的质量评价成果和成效性的高低，直接决定着各个信息使用者的根本利益。本章构建了企业会计信息质量评价体系，从不同方面提出了提升企业会计信息质量的相关策略。

第一节　会计信息质量概述

一、会计信息质量的概念

会计信息质量作为会计信息披露程度的衡量指标，与会计目标密不可分。国内有关学者从会计目标角度对会计信息质量特征进行分析，提出不同会计目标会导致质量特征要求和侧重点不同，且二者之间存在相辅相成的内在逻辑关系。因此，首先要明确会计目标及其分类。

会计目标是财务会计概念框架的逻辑起点，随时代变迁、经济发展而发生着变化，过去在会计的实践总结与理论研究中诞生了受托责任观和决策有用观这两个最具代表性的观点。

受托责任观认为，会计旨在为管理者向财产所有者报告企业的经营状况，立足于历史信息的角度，以评价受托方过去的经营成果。该观点下的会计信息使用者主要是股东与债权人。

决策有用观认为，会计旨在向外界提供有助于决策的信息，以帮助信息使用者预测企业未来的盈利状况，由此得出，会计信息的目标用户是与决策相关的使用者，尤其是证券市场上的投资者，帮助其决定未来是否继续对该企业进行投资或是否追加或减少投资金额，对社会资源的配置起到重要的影响作用。

在这两种观点下，信息质量为实现会计目标的期望，需要包含不同的特征：受托责任观下，会计信息着眼于历史信息和过去的经营业绩，对可靠性特征的要求最高；而决策有用观下，信息使用者对会计信息的诉求更多地集中于对未来现金流量变动及其波动性的预测，对相关性特征的要求更为强烈。

二、会计信息质量的特征

会计信息质量的特征由可靠性、相关性、可理解性、可比性、实质重于形式、重要性、谨慎性以及及时性构成，其具体含义分析如下。

（一）可靠性

可靠性侧重企业对于财务信息的如实反映，真实完整地记录发生的经济业务，使会计信息不偏离实际结果。会计在企业的日常核算中具有不可避免的主观性，这是因为会计核算离不开会计政策的选择，如折旧方法是平均折旧还是加速折旧、核算基础是选择公允价值还是账面价值、资产计量是采用成本法还是权益法，这些都会带来结果上的差异。但要注意，对主观事项的选择要依据企业实际情况考虑。在可靠性特征的约束下，数据都应是有所依凭的，即在给定核算方法的前提下，财务报表上披露的结果都能够从原始资料中得到验证。

（二）相关性

相关性特征在决策有用观之下显得尤为重要。由于企业的信息使用者数量众多、角色各异，他们对信息需求的侧重点各有不同，因此，立场不同的信息使用者在分析会计信息的时候，都会从自身受益的角度考虑问题。举例而言，企业所有者更关注企业获得的利润及其向股东分配的政策；管理者对企业的短期效益与激励政策更为重视；投资者则关注企业的持续经营能力与未来增长潜力。在决策有用观之下，会计信息更多地考虑投资者的需求，也侧重投资相关的披露方式。

（三）可理解性

可理解性既要求与信息使用者自身的文化水平、专业能力息息相关，也要求会计信息使用者具备一定的专业知识和学习能力，二者相结合才能最大限度地实现会计信息的可理解性。随着经济发展，企业业务愈加繁杂，财务信息理解的门槛也随之提升。为了充分理解复杂的经济业务，企业应在财务报表中对其采用的核算方式及推导过程进行层层披露，最大限度地帮助信息使用者理解与决策。

（四）可比性

信息可比性是投资者根据财务报表分析对比各投资对象的基础。由于决策有用观下的会计信息主要为投资者服务，而财务报表作为会计信息的载体，应按照统一的标准进行编制。企业在规模、行业、环境等客观因素的制约下，数据核算结果有着固有偏差，而通过统一的会计政策对会计行为加以规范，则是维护信息可比性的重要方式。

（五）实质重于形式

在会计核算中，企业应关注业务的经济实质，而非简单地按照表面形式操作。实质重于形式这一特征，从侧面也反映了会计信息的真实性与可靠性。

（六）重要性

会计信息的重要性特征体现了信息披露过程应有所侧重，其中"重要"即指与投资者决策相关的重大信息。另外，重要性水平也是审计的基础，对审计人员的职业水平有着极高的要求，应由专业人员综合考虑企业所处环境、项目的性质及金额大小决定。同时，财务报表的附注披露也是重要性特征的体现。对于影响投资者判断的表外因素，企业均应在附注中加以说明。

（七）谨慎性

在经济活动中，会计核算面临着众多不确定因素，这些因素都会为信息披露带来风险。这就要求企业在进行会计处理时保持谨慎，充分评估处理的合理性，必要时聘请专业人员参与重要事项的评估，做到有理可依。企业应通过科学的会计处理方式，将信息披露的风险压缩在可控范围内。

（八）及时性

对信息使用者而言，会计信息决策具有很强的时效性。而企业经营的连续性与传统报表制度下会计披露的定期性有着不可避免的矛盾，会计信息一旦过于滞后，会使相关性产生巨大的损失；相反，占有先机的人则能够通过信息披露时差进行内幕操作，赚取灰色利润。由此可以得出，会计信息的时效性与信息的价值有着密切的关联，信息的及时性是资本市场生存与发展的基石。

三、会计信息质量的度量

（一）盈余质量

会计盈余是在企业日常业务交易过程中产生的，它能直接体现企业的经营结果。高质量的盈余能够以谨慎的态度记录企业的财务状况，真实反映企业的盈利水平。相关性与可靠性是会计信息质量的基础性特征，而盈余作为财务报表最综合、最核心的因素，固有地反映了这些特征，因此，盈余质量是衡量会计信息质量的一个典型指标。

（二）信息披露的数量

信息披露内容的多少与信息质量有着直接的关联。从直观上理解，若数据同质化水平较高，则信息披露质量与信息披露的数量存在正向关系。国外学者在综合资本成本与披露水平关系研究中提出将抽象的会计信息质量概念通过代理变量进行衡量，对会计信息质量进行研究。国内学者以企业年报与季报的披露数量作为考察信息披露质量的一个量化指标，研究企业治理特征对信息质量的影响。这些研究都体现了以披露数量代理信息质量的思想。

（三）股票市场的股价反应

国外学者在有效市场假设的基础上提出，可以采用资本市场因财务报告披露产生的相应波动衡量会计信息质量。一般以股价反应作为信息披露质量的量化指标，信息披露的水平越高，其信息含量越丰富，股价则会对这些信息产生波动。

四、会计信息质量相关理论

(一)认知理论

认知行为理论认为,个人的行为受到认知的影响,且二者具有一致性。实际上,随着受教育程度的提升,人们逐渐构筑起认知体系,行为愈发受到理性思维的控制。决策就体现了这样一个信息传导机制,在决策过程中,人们伴随着对目标的理解,需要接受信息,同时通过理性分析信息,最终选择最佳的行动路径。但在实际过程中,认知行为往往与接受并处理信息的时间有关,而决策则深受信息传递速度的影响。

会计信息质量之所以对财务决策至关重要,其根源就在于认知理论。具体而言,财务信息的披露水平决定了信息使用者的接受程度。财务报告是链接企业信息与外部投资者的纽带,其信息呈现方式与会计信息质量密切相关。

(二)信息不对称理论

信息不对称指的是社会经济环境下,不同成员掌握的信息不同,导致交易双方地位不对等的情况。掌握信息较多的一方处于优势地位,反之处于弱势地位,从而造成双方因信息透明度不足而产生博弈关系。企业债权人的博弈目标是确保资金安全最大化。企业债权人最关注的偿债能力要靠资金安全度来实现,他们通过对财务报表中的相关数据进行计算分析,了解企业的经营情况、负债情况,即企业偿债能力的大小。同时,他们还会通过这些会计信息查看债务人的收益和风险情况是否对等。然而,由于会计人员、经营人员和债权人之间的信息不对称,导致企业债权人得不到真实准确的财务信息,这使他们迫切想要一种可以解决信息不对称问题的财务报告。

第二节 企业会计信息质量评价

一、企业会计信息质量评价的结构

(一)会计信息的生成和评价框架

1. 会计信息的生成过程

会计信息是一种需要专业资格人士通过一定的方法对其进行处理、加工和研究,最终通过一定的形式将其呈现给有需要的人看的经济产品。而会计信息生成过程是指会计信息的输入、加工和计量以及输出过程。具体生成会计信息的过程,如图 5-1 所示。

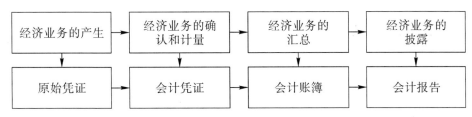

图5-1　会计信息的生成过程

根据图5-1对会计信息生成过程的总结，可以对会计信息的生成过程做一个时间上的区分。在过去，企业的财务人员大多采用手工做账的方式，首先，他们使用算盘，根据各个部门所交来的原始凭证进行经济业务的确认和计量；其次，在专用的凭证纸上手工填写会计分录记，然后在每月末进行汇总并手工记录在会计账簿上；最后，通过各项汇总资料编制财务报告。

随着科技的不断发展，人们运用的技术手段发生了改变，但会计信息的产生过程仍然不变。例如，会计记录转变为电子会计手段。首先，记账载体由过去的纸质形式转变为电脑硬盘形式；其次，计算机及其网络成为会计信息数据处理加工的工具。同时，互联网时代很多经济交易都需要在网上进行，所以就更要快速地进行会计数据的输入输出。凡是产品都能够对其成本进行估量，可是由于会计信息作为一种特殊的经济产品，只对内服务，并不对外销售，所以很难对其进行生产成本计量和价值评估，只能定性分析出它的成本结构：其一，信息收集与加工费用。包括收集和加工会计信息时使用到的电子办公用品的成本和折旧、电子记账的软件购买费用、会计人员的工资等；其二，信息对外报告费用。包括会计师事务所的审计费、在证券交易所进行披露时交的费用、监管部门的管理费等；其三，机会成本。包括对外进行会计信息公告时可能发生的竞争失败等。

2. 会计信息质量的评价框架

在对会计信息基础理论进行了具体分析之后，在此结合会计信息质量评价的研究路程进行阐述、归纳和总结，并试图找到适用于我国企业的评价体系。

（1）基于会计信息质量的评价。最初对会计信息质量评价时，学者们单纯地以相关性和可靠性这两个最关键的特征作为研究方向，表明其在探讨评价体系之前应先对二者所存在的相关关系进行客观的分析和评价。其中，相关性通常是指信息使用者能够得到相关的会计信息，但没有进行信息检验和收集。对使用者而言，相关性不但与他正在进行的交易事项有关，而且与他是否能做出正确的决策有关；可靠性是企业提供的信息是真实有效的，而且其是否值得信赖也要得到保证。可靠性和相关性是互相依赖、不可分割的；且可靠性是会计信息是否有用的前提，相关性又作为其是否有效的反映存在。虽然如此，相关性与可靠性的侧重点还是有所不同，这也表明相关性在提高的同时可靠性有可能会降低，反之亦然。然而，通常情况下可靠性和相关性联合在一起才能保障会计信息的质量，即表明二者之间统一性必须大于其对立性，所以在构建会计信息质量评价体系的同时应该将二者兼顾、缺一不可。

（2）基于会计目标的评价。评估财务报告的目标可分为使用者的需要和对投资人的保护。信息使用者的需要思路考虑的是在面对经济事项需要做出决策时信息相关的问题，所以信息使用者的需要思路与相关性相对应。投资人的保护思路则更多的是考虑从财务报告中获取信息的真实性，并提供可靠、相应的财务报告信息。在财务报告的使用过程中，虽然目标分为使用者的需要和投资者的需要两类，但是其实也是同一类，因为投资者也属于使用者。

（3）延伸会计目标的评价方法。人们所接触和认为的会计是以记录、核算等方法向使用者呈现财务报告的一种传统会计，又可以称为对外报告会计。随着社会的发展，企业想要长远发展，更需要将会计与管理结合起来。管理会计可以通过一些预测、监控等手段来提高企业的经营能力和提供决策依据。

虽然以上范畴涉及较广，但就工作目的来说，二者是不同的。财务会计主要通过对经济活动进行核算计量、制作财务报表来反映经营情况和财务变动等，所以财务会计关注的是对外报告；管理会计关注的是以财务会计为基础进行企业内部行政管理方面的提高和改善。

（4）综合会计信息质量的评价内容。财务报告的质量虽然取决于财务报表的质量，但并不限于财务报表的质量，还应该根据其他财务报表、会计信息对外披露情况等内容，做出相应的分析和评价。另外，财务报表的质量由相关项目组成，包括项目的内容、质量，而财务报表和其他财务报告则需要通过清晰、完整的表述，才能充分展现它们之间的完整关系。企业财务报告的质量分析，具体如图 5-2 所示。

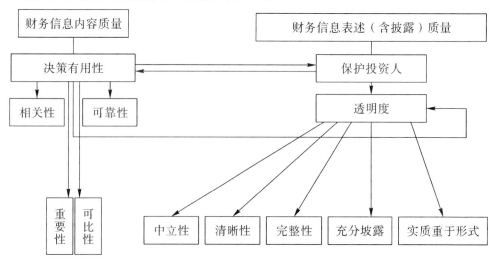

图 5-2　会计报告质量的评价内容

从图 5-2 中可以得知，决策有用性与保护投资人虽然关注点不同，但却有一定的联系，如财务信息的内容和质量都要以决策有用性为依归。财务信息的披露质量，以保护投资人为目的。资本市场监管机构有义务保护那些与企业利益有着直接关系，却对企业的有用信息掌握得不够全面的投资人的利益。

（三）会计信息质量评价过程中的各个要素

在现实情况中，会计信息质量评价涉及多个方面，如能否符合企业的目标，相关的评价方法、评价指标、指标选取、会计信息体系及方法流程是否符合上市企业的实际需求和战略发展目标，以及对企业的管理者和决策人员能否起到信息指导的作用。如图 5-3 所示，为相关的企业要素及逻辑关系。

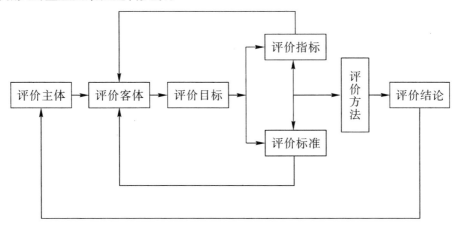

图 5-3　会计信息评价体系中的各个要素

从图 5-3 中不难发现，会计信息质量评价体系的各个要素互相联系、缺一不可。首先，确定评价主体，根据需求的不同确定客体和目标。但由于评价主体的不同，也就决定了评价目标的不同，且不同主体对会计信息的要求不同；其次，通过设计好的评价指标、评价标准进行分析；最后，根据一定的评价方法得出不同的评价结果。

综上可知，会计信息质量评价体系的构建包含着各个不同的要素。因此，企业会计人员在进行信息评价的过程中，也要注重各个要素之间的逻辑、相关关系。以下为企业会计信息的各个相关要素。

评价主体。由于会计主体的不同，位置不同，各自需求目标也不尽相同。对会计信息的一般使用者而言，如投资者，获取信息的来源单一，只能根据企业对外披露的会计信息做出决策。

评价客体。评价客体是相对评价主体而言的。只有对主体信息进行评价，人们才可以对评价客体进行客观的信息评价。通常情况下，会计信息质量评价的客体主要包括审计事务所提供的审计报告、财务报告和附注等内容。

评价指标。评价指标是指设计用来评价客体的具体因素。在对会计信息质量评价指标进行设计时，首先要考虑的是设计出来的指标因素是否能够导向评价目标，以便评价结果清晰明确。这些因素的共同评价就形成了评价体系。

评价目标。评价目标作为评价方向的存在，指引着评价体系的建立。想要确立评价目标，首先也需要确立评价主体，这是因为评价主体的确立可以归纳出评价目标的范围。评价目标的作用就是检测企业对外的会计报告，标明可能会对会计信息质量产生影响的相关客体的真实性、规范性和相关性等，为会计主体提供可信的决策方向。

评价标准。评价标准是指在评价目标确立的前提下，为后续研究设立的一个标杆。评价目标的差异会带来评价标准的差异，所构建的评价体系当然也会不同。通常在一个评价周期内，评价标准必须是不变的，可是随着经济的不断发展、外部环境的不断变化，评价标准也会随着情况的改变而改变。

评价方法。在确定了评价标准和评价指标的前提下，只有通过一定的评价方法才能对会计信息质量进行评价。评价方法有很多种，不同的评价方法在某种程度上会影响评价结果。

评价结论。企业需要评价自身的会计评价框架和评价目标是否达成一致，以此判定是否符合企业的需求，并能够以此为依据，帮助企业加强日后的会计信息质量管控。

二、企业会计信息质量评价的流程构建

(一) 会计信息质量评价的运行机制

会计信息质量评价的运行机制，构成了整个会计信息质量评价的主体框架，是指导和规范会计信息质量评价的决策机制。

1. 确定会计信息质量评价标准

国内外的会计制度、会计法规都是依据企业会计信息质量的目标建立的。根据一致的会计法规和政策标准，要求上市企业高质量的会计信息必须满足可比性、可理解性和实质重于形式等特征。

在我国，政府在对企业进行监管的时候，必须以高质量的会计信息作为宏观调控和决策的依据。我国企业所提供的会计信息不但要满足投资者、债权人的需求，而且要考虑到国家在经济管理方面的需要，即我国企业必须同时遵循有用性和合法性两个要求。

2. 科学选取会计信息质量评价原则

目前，国外专家、学者对企业会计信息质量评价的研究并没有达成统一的观点。在此，笔者尝试确定一套适用现代上市企业，并具有高效科学性、实用性的评价标准，对其加以分析研究：首先，设计若干个有用的评价指标；其次，进行组合和优化；最后，根据一定的评价方法验证其结果。有了这套科学的评价框架，各个评价主体就可以根据这套体系对企业会计信息进行分析评价。

在对会计信息质量好坏进行评价的时候，要有既定的标准点，在研究会计信息质量的时候也是一样。在此，努力通过建立一套科学的评价体系，通过采用科学的评价指标、标准流程，对国内上市企业的会计信息质量提供更有效的评价决策。另外，在了解会计信息质量好坏的同时也需要清楚它的好坏程度，只有这样，才能充分利用高质量的会计信息，监督和改进低质量的会计信息。

在以上分析基础上，会计信息质量评价的原则包括以下几点。

第一，系统性原则。只有系统的指标才能充分反映评价现象，即应将每个单独的指标联系在一起，使每个具有独立使命的指标变得有层次、有顺序，最终得出合理的结论。系统性必须满足完整性、相关性、层次性的要求。

第二，可操作性原则。

第三，科学性原则。要取得真实、客观的评价结果，就必须在选取指标的时候符合科学性这一要求。科学性作为第一要求，既是设计指标体系时必须遵循的原则，也是选取所有指标的前提。

第四，重要性原则。这里的重要性既包括指标设计的重要性，也包括如何构建评价体系、评价指标的重要性。只有加强全面评价，才不会导致企业在进行信息评价时遗失数据和出现评价漏洞。

第五，成本—效益原则。

3. 合理选取会计信息质量指标

首先，上市企业在制作财务报表时，要保证相关的财务数据能够满足真实性，这是一种基本的前提条件，这样才可以客观地检验并得知企业的真实资产结构和业务运营情况。现代财会专家和学者普遍认为，真实性是企业在建立财会信息体系时必须保证和执行的基本原则。其中，真实性通过资产、负债等相关项目的失真率指标体现，具体是通过企业被检查出来的资产、负债等相关项目的不实金额与企业对外报告所呈现的资产、负债等相关项目总额的一个比值进行判断，得出该比值越高，失真程度越大；反之，失真程度越小。如何对这些定性的项目进行量化，具体如表 5-1 所示；其次，企业对外提供的财务报告的会计信息，必须符合相关性的要求；最后，信息反应的及时性可以避免信息不对称的情况发生使少部分人获得超额的利益，并且会计信息使用者及时获取到的会计信息可以帮助其在第一时间做出合理的决策。及时性是一个定性的指标，为了实际操作的方便，可以依据相关会计制度和准则中所列示的规定使及时性能够被量化分析。简单来说，就是企业会计信息披露的时间是否符合相关会计制度所规定的企业向外公告的时限范围内。

表 5-1　关于真实性的几个相关指标分析

指标名称	公式	评价意义
资产失真率	资产失真率=资产失真金额/总资产额×100%	指标越大，企业虚报资产的程度越大；反之，越小
负债失真率	负债失真率=负债不实金额/负债总额×100%	指标越大，失真程度越大；反之，越小
所有者权益失真率	所有者权益失真率=所有者权益不实金额/所有者权益总额×100%	指标越大，实际的净资产和报告的净资产差额越大；反之，越小

指标名称	公式	评价意义
收入失真率	收入失真率＝收入不实金额/收入总额×100%	指标越大，说明虚增或虚减收入的程度越大；反之，越小
成本费用失真率	成本费用失真率＝成本费用不实金额/成本费用总额×100%	指标越大，说明企业虚增或虚减成本、费用的程度越大；反之，越小
利润失真率	利润失真率＝利润不实金额/利润总额×100%	指标越大，说明企业虚增或虚减利润的程度越大；反之，越小
现金流入（流出）失真率	现金流入（流出）失真率＝现金流入（流出）不实金额/现金流入（流出）总额×100%	该指标的大小反映现金流入（流出）的失真程度的大小

财务信息和非财务信息构成了企业会计信息的全部，它们之间的区别在于对企业的对外报告有无直接影响。无论是财务信息还是非财务信息，为了保证企业对其质量的全面保证，都必须予以反映。在这里，财务信息还是通过定量的方式进行反映，而非财务信息则采用定性的方法来反映。

会计基础工作的评议指标。会计基础工作包含制度体系的制订，财会报表的统计、抽查检验，会计从业人员的业务能力、职业道德、工作规范等方面。会计基础工作的评议指标，包含以下相关工作内容。

①会计核算需要履行规范操作。在对会信息进行加工核算的过程中，会计人员是否具备相关技能、从业资格，是否遵从企业会计、电子财务操作的规范方法，能否使用财务工具和相关系统软件从事相应的会计信息操作和管理等。

②会计管理体系的构建和管理。企业是否建立对应的管理体系，体系机制是否科学、合理，相关的会计从业人员是否能够履行各自的职能和义务等。

③会计工作人员的职业素质。企业会计人员在从事相关财务管理工作之前是否已取得专业会计资格证书、从业证书，同时企业要对会计人员的履历、工作背景、个人道德素质进行综合调查和评估，从而根据所选择人员的技能和考核情况，分配合适的岗位职能。

④会计档案的完整性。包括会计凭证、会计账簿等本身的连贯性，会计档案是否保管妥善等。

4. 具体构建会计信息质量评价流程

依据前文的设计思路和对指标的选取，人们可以建立一套适用于国内上市企业所用、能够帮助上市企业进行科学的信息管理的有效评价指标和评价流程。具体思路如下：首先，上市企业会计信息质量评价指标体系应当以财务报告质量评价和会计基础工作的规范作为评判方向。这两个方向构成了体系的第一层；其次，这些评价方向涉及三个会计特征，即真实性、及时性和全面性；最后，可以在会计信息质量特征的层面上通过对第三层财务报表展开具体指标的分类，形成整个评价架构的第四层。

（二）会计信息质量的评价方法的选取

无论是采用单一的定量分析还是定性分析，所得的结果都是片面的。只有将二者有机地结合，才能达到最佳效果。下面对国内外较为流行的评价方法进行总结介绍。

1. 模糊评价法

模糊评价法是针对不确定数据进行评价的方法。该评价法的研究者认为，若信息数据不精确，会导致最终的评价结果不客观。为此，可以利用模糊评价理论建立模糊评价，使得对会计信息质量产生不同的影响因素归为单一指标，对会计信息质量进行评价。

2. 专家打分法

专家打分法首先是对评价对象的具体要求设置相关评价项目；其次，根据评价项目设立评价标准，选取若干个专家对各个评价项目进行打分；最后，通过对单项评分的分析、统计得出一个结果分数。

专家打分法同样可以归类为两种。具体如下：

第一，加法评价型。是将专家对评价项目的单项打分，进行计量，得出总分数。利用该方法，可以实现计分累加和连加评分。

第二，加权评价型。将评价对象按照评价项目重要程度的不同给予一定的权重，对各个指标得分和权重值得乘积进行求和，得出单项得分，再将各单项得分进行求和，得出总分，从而得出公式。例如，将评价总分列为 M，A_i 为权重值，B_i 为第 i 项指标分数，可得下式：

$$M = \sum_{i=1}^{n} A_i B_i \tag{5-1}$$

3. 层次分析法

层次分析法主要是通过将分析的目标当成一个主体，通过与决策目标有关的指标进行分解规分，列出子目标项，从而针对这些子目标项进行定量、定性分析的一种方法。利用该方法进行分析，可以将决策问题分别根据总目标、子指标、评价准则进行有效的层次分解，求出判断矩阵特征向量的方法，对列出各个指标的优先权重求出最大的特征值。

4. 功效系数法

功效系数法[①]主要是根据每项评价指标的一个评价标准，计算各个指标评价分数，再对各项指标进行单项评价，具体分为以下两个环节：

第一，初步评价计分。首先，计算出指标的实际值，再针对财务报表上的各项数据，根据前文所设计的公式，分别计算出各项指标的分数；其次，确定指标准值，提取指标准值并确定其档次，指标档次可定为优、良中、差三个等级；最后，将列入好的指标准值依

---

① 功效系数法：又叫功效函数法。它是根据多目标规划原理，对每一项评价指标确定一个满意值和小允许值，以满意值为上限，以不允许值为下限。计算各指标实现满意值的程度，并以此确定各指标的分数，再经过加权平均进行综合，评价被研究对象的综合状况。

次入处各个档次中。完成这些操作之后，再确定标准系数，并计算出单项指标的得分。计算方式如下：

单项指标得分＝本档基础分＋〔（指标实际值－基本标准值）／（上限标准值－基本标准值）〕（上限基础分－基本基础分）　　　　　　　　　　　　　　　　　　　(5-2)

第二，基本评价计分。第一步，确定每个修订指标的个别修正因子。首先，对系数进行校正和统计，计算出基础评价分；其次，根据确定的修正方法，将修正的指标列入该部分；最后，针对指标的实际数据，根据规划方法进行公式计算。计算方式：基本校正因子＝〔1＋（校正目标所在的部分－校正目标应为部分）×0.1〕。公式的部分及其所在的区域是比较校正，当两者相同时，修正后的指标不能纠正部分的初步评估分数，基本校正系数为1。当两者不一致时，将该部分与要使用的区域进行比较，基本校正系数增加0.1，而基本校正系数的下限减少0.1。第二步，通过对正系统进行修正和统计，再利用效率系数的计算方法，校正间隔设为0.1，校正系数为有效系数×0.1。第三步，对综合系数进行校正。首先，计算出指标的综合系数，并将单个校正的指标系数与计算中的指标权益相乘。即指数综合校正系数＝指数的单一校正系数×指数权重。其中，指数权重＝指标权重/指标部分权重之和；其次，对综合修正的部分系数进行计算，修正指标综合修正系数的总和；再次，修正总分计算。先计算每个部分的校正分数，这等于综合校正系数的一部分与初步评价分数的一部分的乘积；最后，第四部分修改后的得分总计最终得分。

5. 综合评价法

综合评价法[①]可以进一步明确各个评价指标项，从而检验出各个相关因素，更为全面、客观对地信息质量进行分析和评价，得知企业的实际财务现状和财务数据的准确性。

综合评价法的思路是通过采用模糊评价方法、专家打分法、层次分析法和功效系数分将这四者量性化结合，从而深入分析会计信息质量。即利用模糊评价法、层次分析法和功效系数法的逻辑性，对评价指标进行提取和有效分析，使得计量结果较为精确合理。由此，将以上四种方法进行有效的融合应用，对比评价对象的各个因素及相关的影响关系、逻辑关系，最终得出较科学合理的计分方法。

（三）会计信息质量评价指标的赋权方法

通过以上对几种不同评价方法进行介绍对比之后，下面将对企业会计信息质量的赋权方法进行对应的探讨介绍。对此，需要通过对企业的资信等级进行划分，即将企业的会计信息质量。如此一来，可以建立如表5-2所示的会计信息质量评分标准。

---

① 综合评价法：运用多个指标对多个参评单位进行评价的方法，称为多变量综合评价方法，或简称综合评价方法。其基本思想是将多个指标转化为一个能够反映综合情况的指标进行评价。

表 5-2　会计信息质量评分标准

指标类别（100分）	定量指标（权重80%）		定性指标（权重20%）
	基本指标（100分）		评议指标（100分）
真实性（70分）	资产负债表（25分）	资产失真率（10分） 负债失真率（10分） 所有者权益失真率（5分）	规范的会计核算机制（20分） 企业内会计制度的执行情况（20分） 会计人员的基本素质（20分） 会计档案的完整性（20分） 未披露非财务信息的影响（20分）
	利润表（25分）	收入失真率（8分） 费用失真率（8分） 利润失真率（9分）	
	现金流量表（20分）	现金流入失真率（10分） 现金流出失真率（10分）	
及时性（20分）	重大事项公布的时间差（10分）		
	财务报告公布的时间差（10分）		
全面性（10分）	未披露的财务信息影响率（10分）		

如表 5-2 所示，通过对企业会计信息进行打分，列出企业的资产负债、实际利润、现金流的分数，对这些相关指标进行赋权定量评价。

定量评价具体流程可参照如下：

第一步，单项评价指标的选取。对各指标进行赋权提取，将项目的不实金额除以某项目的实际总项，乘以 100％，可得出其实际失真率。

第二步，计算单项评价指标。单项评价指标＝本指标总分－调整分。

第三步，定量指标总分计算。公式为：基本评价指标总分＝Σ单项评价指标得分

定性评价的具体流程如下：

第一，定性指标的内容，是根据几个定性指标，对会计信息质量影响的大小分别给予相应大小的权数，并给出等级标准。

第二，根据指标等级的划分结果，计算单项评议指标得分。单项评议指标分数＝Σ（单项评议指标权数×各项评议员给定的等级参数）÷评价人数

第三，评议指标的总得分计算。评议指标总分＝Σ单项评价指标得分。

第四，综合评价得分的计算。综合评价得分＝基本指标总分×0.8＋评议指标×0.2。

第五，对最后的综合评价得分进行分级定档。

（四）会计信息质量评价的流程和评价标准

1. 会计信息质量的评价流程

据上文研究可以得知，上市企业的会计信息质量将直接关系到企业的长远发展。同时，企业的会计信息必须从保障投资人、债权人及使用者利益需求的目标和层面出发，通过制订精准的财务信息，反馈真实的财务报告和数据内容，以提示企业的真实资产情况及

盈利现状为会计信息审计目的，才可以加强企业对会计信息质量的管控，减少企业发生财务风险和经济危机的可能性。

由于企业会计信息质量的评价与普通产品的质量评价不同，难以采用一般的技术方法作出评价，因此，目前较为普遍的评价方法是根据企业的实际现状和专门的评价模式，针对企业的会计信息及根据其信息特征展开量性化的评价。具体可参照如下方法：

（1）计算指标的实际值。通过对企业的财务报告进行评价分析，再通过公式计算，从而检验和得出各个指标的评价值和相关影响性。

（2）指标的评分标准。具体的评分标准可由企业内部专门的会计师或是聘请专业会计师事务所、会计专家来制订，并以此为标准依据，可方便对各指标项进行细量评价，帮助企业加强对财会信息的决策管理。

（3）标准系数的确定。由于标准系数的确定关系到评价成果的质量，因此，要根据各个关联指标，对其差异准值的大小、差异程度进行计算和检验，得出标准评价分数，通过判断出标准指标的实际值，得出较标准的系数。

2. 会计信息质量的评价标准

第一，衡量会计信息质量的一般原则。主要涉及会计信息的客观性、一致性、及时性、明确性等。具体而言，企业在制订财务报表时，要核实和确定所收集和登记的信息数据，才可纳入信息报表之内。

第二，确定会计审计的相关要素。当企业的权责发生变化、企业的历史成本发生变化、配比原则发生变化、收益和支出成本发生变化时，都应对此进行修正，从而加强会计信息的规范化管理。另外，企业发生了资产调整或是资产变化，企业财务人员也应当对一切变更的事实和数据信息进行核实和精确登记。

第三，修正会计信息的一般原则。一般原则，涉及会计信息修正的谨慎性原则、重要性原则以及实质性原则等。当企业在进行会计信息、财务报表变更时，应当遵从国家的会计法例和企业的标准方法，进行基于数据和财务报表等信息数据的变更和修正。

第三节　企业会计信息质量提升策略

一、强化董事会会计责任的履行

董事会有审批、监督企业财务报告的职责。为了强化董事会会计责任的履行，建议在企业董事会下设立审计委员会。由于大部分企业仅有一名外部独立董事，为了保持审计委员会工作的独立性与有效性，外部独立董事必须参与委员会管理工作。结合相关规定和实践经验来看，审计委员会的职责主要包括财务报告、审计计划和内部控制三个方面，具体职责内容如图5-4所示。

财务报告方面	・复核年度已审财务报表 ・复核中期未审财务报表 ・复核其他财务报告 ・复核公布前的盈利数 ・复核企业会计原则（惯例）
审计计划方面	・讨论审计工作的范围与时间 ・讨论审计方法 ・讨论审计问题 ・核准或提名审计人员 ・建议或批准审计费
内部控制方面	・评价内部控制的充分性与有效性 ・评价员工欺诈的可能性 ・评价管理部门门欺诈的可能性 ・评价电子数据处理系统的有效性 ・评价企业的行为守则

图 5-4　审计委员会的职责

由其财务报告职责可以看出，审计委员会在企业治理结构中，对防止会计信息失真起着重要作用；由其内部控制职责可以看出，审计委员会的工作机制可以通过内部控制评价提高企业内部控制的作用效果。

二、加强和完善监事会工作

加强和完善企业的监事会工作，充分发挥监事会的会计监督职能，提高监事会工作的独立性和灵敏性，更加专业、有效地监督和检查高层管理者的履职情况和企业财务活动，改善监事会的运作程序。具体可以从以下几个方面进行改进。

1. 充实人员，明确职责

目前，企业监事会需要充实具有法律、财务、会计等方面的专业知识或工作经验的监事人员，并且还需从企业中选取一名联络人员专职协助监事会开展日常监督检查工作。人员配备完整之后，还需要完善监事会所有人员的岗位职责，把监事会主席、专职监事、职工监事、专职联络人员的岗位说明书写进工作守则，检查出资人关注的重大事项和有关法律法规及政策规定的其他情况，切实履行职能。此外，按照监事会的工作要求，还应加强对监事的培训，不断提高监事的专业素质和履职能力，建立一支结构合理、专业突出的职业化、专业化的监事会工作队伍。

2. 加强日常动态监督，提高监督时效

企业监事会可以通过列席企业召开的董事会、党委会、总经理办公会、领导班子民主生活会以及年度（年中）工作会议等各项企业会议，加强日常对企业经营方针、重大投融资计划、重大发展项目、重要的生产经营活动、董事及高级管理人员履行职责等方面的动态监督，及时了解、掌握和跟踪企业的生产经营状况和企业负责人是否忠于职守、勤勉尽责、廉洁从业，并加强事前预防、事中控制和事后整改，提高监督实效。同时，企业还可以分析月度财务快报、检查相关会计资料评价企业的财务状况、经营业绩，评估企业内部控制的构建和实施是否规范、健全，充分发挥监事会在企业治理结构中的监督检查作用。

3. 发现有关问题，督促企业整改

为了增强监事会监督检查后的整改实效性，要加大整改监督检查结果的落实力度，进一步健全、完善监事会监督检查结果运用机制，并形成工作制度。一方面，在日常工作中，要优化监事会与企业之间的沟通渠道，促进企业的规范运作和健康发展；另一方面，监事会在监督检查过程中发现相关问题应该及时与企业进行沟通与反馈，将检查结果与建议以书面的形式下发给企业，企业根据监事会出具的《监事会监督检查报告》制订整改方案与计划，落实整改措施、责任人与整改期限，逐条认真整改，并且及时反馈整改结果，形成书面整改报告，在检查报告出具后限期上报给监事会。

三、明确职责划分和授权审批

制衡性是内部控制的五大原则之一，它要求企业在兼顾运营效率的原则下，形成相互平衡、相互制约、相互监督的职责划分和授权审批，这也是内部控制发挥作用的重要手段，不仅可以在事前控制，防患于未然，而且可以在事中及时发现错漏，立即制止。

具体来说，职责划分的一个有效的控制手段是对不相容的职务或者岗位进行分离。其中，不相容职务指的是一个人所在的岗位享有的职责可以掩盖他们的错误或者不正当行为。从更广泛的意义上来讲，不相容职务包括董事会、监事会、管理层三者在企业治理结构上的有效制衡、企业内部各个职能部门的职责划分、不相容工作岗位的分离三个层面。如果将企业内部的职责划分为执行、记录、审批、核准、保管这五类，那么不相容职务主要有审批和执行业务、执行和核准业务、记录和审批、记录和核准、保管和记录等业务的职责要分离。通过职责划分，不相容职务的人员之间自然形成相互约束的工作状态，避免同一个人控制一项经济业务的全部环节。

授权批准意味着经济业务的发生应当得到更高级别人员的授权，不承认未经授权或者授权外的交易。通过这种方式，明确管理层、各级管理人员和员工的职责和权限。

四、树立内部控制理念

企业内部全体人员，尤其是高层管理者应该加强内部控制意识，树立内部控制理念，真正认识到保证会计信息质量是企业领导的责任，形成自上而下的内部控制企业行为，用高层管理者的经营观念和作风影响集团内部各级管理者和所有员工的工作态度，形成积极向上的价值观和企业氛围，倡导诚实守信、团结合作、爱岗敬业的精神，学习现代企业管理思想，强化风险意识。

第六章 企业财务会计创新研究

要想全面地提高企业会计信息化水平，就必定要对企业会计进行创新。这不仅可以从整体上改善我国企业会计的运作标准，而且能有效规范我国经济有序发展。在此，分析了企业绿色会计，其作为当前一种新型的会计模式，对企业的发展有着重要作用，提出了企业财务会计的转型与创新发展。

第一节 企业绿色会计分析

一、绿色会计概念

绿色会计是在经济快速发展的大时代背景下产生的，是一门崭新的具有多种类型专业交叉性质的学科，它以特定主体的经济活动为对象，研究和计量其对社会环境的影响，主要作用是对企业的社会责任进行量化，反映企业在重视经济产出的同时对于这一责任的态度，最终提升社会整体的经济效益。国内有关专家认为，绿色会计的功能是分辨、衡量组织生产过程与环境相关的成本以及在每个方面选用一定的措施进行预防或消除影响产生的经济利益，最终应用于组织的经济决策。国内有关学者表示，绿色会计不仅可以用货币作为衡量它的方式，而且可以用现实中存在的物体来计量，其目的和功能主要是促进整个经济社会环境资源的合理分配。

二、企业绿色会计的发展对策

1. 建立绿色会计研究机构

我国可以积极支持帮助更多由专家建立专业的绿色会计研究机构，在研究绿色会计的发展理论时要结合我国的基本国情出发，对涉及绿色会计的一系列问题进行研究，如成本、收益等，同时借鉴国外专家的研究成果和研究经验，结合我国社会实际状态，创立建设一个科学的绿色会计发展体系。

2. 大力宣传绿色会计

发展绿色会计不仅依靠自身的积极性，而且依靠国家政府的大力支持，积极组织学习教育培训，提高我国企业对绿色会计的关注度。

3. 完善现有会计制度

将绿色会计的核算和监督列入会计法，以法律的形式确定其地位和作用，这是将绿色会计与实践结合的最有效的一种方法。除此之外，我国还可以建立相关的绿色会计制度体系，强制性地规定绿色会计的核算与披露内容，进行在法律方面的强调以及规范，增加对环境的管理，和对大中小企业的环境监督，使绿色会计的处理方法更为规范化，做到有法可依，为绿色会计的实行提供制度保障。

4. 提高绿色会计人才培养力度

从业人员既要学习相关的会计知识，也要学会对多个单独学科的融会贯通，运用于所学的绿色会计中。对企业来说，要加强这方面人员的招聘要求，对会计人员进行引导，加强企业中绿色会计人员的培养，使会计人员建立环保意识，积极主动地贡献自己的力量，承担其作为一个财务人员的责任。同时，企业积极培养员工的自主性，通过不断学习不同领域的知识，拓宽和丰富自己的知识面，以便于更好、更有效地完成工作。

三、企业绿色会计发展的创新模式

（一）大力宣传绿色会计的优点

大力宣传绿色会计给企业和政府带来的优点，可以使绿色会计真正走入企业内部。但要注意，绿色会计也有其不足之处，如在实践中，面临着其运用规模、执行范畴都不大的问题。宣传绿色会计应该首先在企业内部进行，尤其是企业的会计工作人员和其他相关部门的人员，可以加强培训，加深相关知识的理解，使这些员工真正了解到绿色会计的紧迫性，增强他们对待这一新的会计模式的严谨性；其次，提升其在群众中的重视程度和认可度；最后，对国家来说，可以成立相关的监督部门，监督企业绿色会计的具体实施状态，必要时可以对企业的违规行为予以警示。

（二）加强应用的积极性

首先，从国家政府角度来看，需要一系列的规范予以约束，强制企业在财务报表的制定中积极采用这种新的会计模式，公布企业相关的责任信息，这样不仅可以使企业员工和管理人员对绿色会计愈加关心，而且可以在潜移默化中使投资者、消费者获得更多有价值的信息；其次，企业应该转变对绿色会计的理解和认知，认识到绿色会计的实施不仅可以提高企业的经济效益，而且可以承担更多的社会责任。

（三）完善绿色会计信息系统

在互联网背景下，企业组织需要紧紧把握时代发展的步伐，有效地将大数据、人工智能等崭新的技术运用到企业绿色会计的发展中，构建适合企业的信息系统，并提出相关措施共同保证相关资料信息的安全性。

第二节 企业财务会计的转型与创新发展

一、企业财务会计向管理会计的转型发展

随着企业规模、人数的急剧扩张，如何加强管理能力，实现稳健发展，成为企业亟需解决的问题。在现代经济不断发展，行业竞争不断加剧的背景下，管理会计在企业管理中占据重要地位。通过多年的实践，管理会计在企业管理中的作用愈发突出。但从我国企业整体范围来看，还有部分企业管理层没有全面了解管理会计的内容，企业的会计工作、信息化建设跟不上企业发展，不利于管理会计作用在企业发展中的发挥，制约了企业的发展。

（一）管理会计的概述及转型的意义

1. 管理会计概述

管理会计是对传统财务会计工作的一个提升。财务会计注重各项经济活动的核算。而管理会计则更加注重各项经济活动的经济效益的评估。管理会计以决策分析为主要工作内容，试图通过最优运营方案的决策，逐步提高企业的管理水平。具体而言，管理会计是以企业日常经营的业务数据为基础，通过对业务数据的有效融合、分析，提供可靠的决策意见，促进企业运营处于最优状态。

2. 财务会计转型的意义

随着时代的进步，企业的发展更新速度也在加快，促使财务会计向管理会计财务不断地转变，提供更多的财务增值服务。管理会计要更加了解企业的战略目标以及经营理念，关注企业的发展动态，利用海量的业务数据，为信息使用者提供多维度、全方位的新型报表，加强财务管理对业务流程的事前预测、事中管控，提高企业的风险防控能力和成本的精细化管理，促进企业稳健发展。同时，财务转型加强了企业日常运营的动态监管，为企业的绩效考核提供了充足的基础信息，有助于企业提高绩效考核水平，使得企业的管控合规问题、投入产出效益问题变得有章可循，从而进一步促进企业管理水平的提高，使企业的发展进入一个良性循环的状态。

（二）企业财务会计向管理会计转型的建议

1. 健全管理会计体系

在管理会计体系发展的道路上，我国企业可以吸收发达国家的先进思想，结合实际工作中的运用，创造出适合自身发展的管理会计体系，协调好管理会计系统与企业整体管理系统的融合，为企业的发展提供助力。此外，企业还应当注重专业人才的招聘和内部员工的培训工作，为企业财务会计向管理会计的转型提供一个良好的氛围，为企业管理体系的完善储备充足的人才，为企业的高质量发展打下坚实的基础。

2. 完善财务工作

企业应当立足业务发展需要，在各项管理工作中，不断加强与业务端的融合，使财务信息真正运用到企业管理中去。只有真正意义上实现了业财融合，才能将财务工作逐渐完善，从而提高管理工作的效率，为企业创造更多的价值。

3. 加强信息化建设

信息化的建设对企业财务会计的转型有着重要的作用。要有效保证财务转型工作的有效开展，企业应当积极构建信息平台，加强财务部门对运营数据的管理与监督。信息化的建设有助于财务工作中数据的及时获取，加强数据的及时性和共享性，有利于企业应对市场形势的变化，加强对市场机遇的感知力。信息化建设过程中的业务流程梳理，则有助于岗位风险的排查，及时发现业务数据的异常点，消除潜在的经营风险，确保企业的稳健发展。信息化建设过程中的部门交流有利于打破部门间的信息沟通障碍，增强企业资源利用效率，提高企业市场竞争力。另外，信息化能够大幅减轻财务人员的工作压力，确保财务人员能够加强数据分析、管理工具应用等管理会计必备技能的学习。在此背景下，财务人员也应当把握转型机遇，积极提升自己的专业技能，顺利完成财务会计向管理会计的转变。

二、企业财务会计与管理会计的融合创新

当前，企业在发展过程中面临着越来越激烈的市场竞争，企业为了能够有效提升自身的竞争力，越来越重视企业内部的财务管理工作。为进一步提升企业内部财务管理工作质量，在当前日益激烈的市场环境下，企业可以有效融合财务会计和管理会计，提升企业财务管理水平。

（一）企业财务会计与管理会计融合需遵循的原则

1. 优势互补

在企业自身的管理模式下，财务会计与管理会计相结合的过程中，必须充分发挥管理模式、税收的积极作用。虽然财务专业会计和管理会计之间有很多相似之处，但它们也有不同点。企业在进一步发展的过程中，应该充分结合二者的明显优势，使它们能够更有效地互补，积极促进企业财务管理模式整体水平的提高。

2. 循序渐进

在日常管理中，财务会计和管理会计进一步的融合发展，需要遵循循序渐进的原则。财务会计是企业运营过程中税收会计信息的内容，它是在管理会计工作中进行的；管理会计工作也是在财务相关的税收会计工作的基础上进行的。在财税会计的具体内容和工作中，应采用详尽的分析方法，提高财税数据的准确性。除了财务和会计工作作为基础之外，还应继续开展日常管理和财务工作。

3. 给予财务会计和管理会计同等重视

在进一步发展管理专业会计和财务相关税收会计相结合的过程中，企业需要更加重视管理模式。税收会计和财务专业会计，即把日常管理财务专业和财务相关财务会计放在重要位置，根据具体内容要求发展，全面提高管理水平。

（二）企业财务会计与管理会计融合在业务上的联系

1. 企业财务会计与管理会计的特征

在管理方面，企业财务会计是基于使用者反映的主要经济活动。在企业产品的生产经营活动中，有可能对重要决策、预案、分析和预测进行控制和评价，从而加强企业自身的内外部管理，提高经济效益和社会效益。这个管理制度在内部也叫专业会计报告。在财务条款方面，金融专业是以公认会计准则调查报告为基础，对企业的财务状况和经营状况，包括内部和外部（大股东，如银行、清算、未来的散户投资者和相关中央政府机构），也称为外部统计报告和会计。

2. 企业财务会计和管理会计的特点与联系

在工作时间里，二者是密不可分的。管理会计的主要目的是通过对金融专业会计师提供的数据进行详细分析，为管理层的决策过程提供全面的数据分析，形成特定的数据报表。而相关财务会计提供的最终数据，包括投入成本计量、成本累积、成本分摊费用、运营效率、业务流程、实际价值链和参考基准分析等。企业在协助管理、统筹和控制过程中，应收集战略规划的短期目标、总体规划决策过程、决策绩效的最高评价，以达到促进企业持续发展的目的。在这一经验的过程中，管理会计依赖于财务和财务专业上报的准确的最终数据，对不正确的详细分析作出贡献，而财务会计需要按照有关法律法规进行。管理会计只有提供准确、全面、无虚假陈述和遗漏的数据，才能获得持续有效的分析结果。财务会计则需根据所有企业的角度及内部结构，对各种信息进行数字化管理，科学合理地分配职能，并根据项目优先级重新整合有限的内部流动资金；尝试增加产品的价值和更多的资金需求，以确保最大限度地提高企业的利益。为了确保预算目标以及财务专业和管理模式的完成，财务会计还需要完成其他方面的监督，如要监督预算总收入、对每日管理专业会计进行监督、控制费用和支出。在执行了总体预算和财务管理模式之后，财务会计的工作应以管理工作的财务核算为基础。

（三）企业财务会计与管理会计融合的基础

从根本上讲，专业的会计制度、财务会计与财务专业，都是企业管理的核心。社会需要相关的信息、各种技术和网络技术在财务会计业务中实现更广泛的应用，并进一步整合，这就要求社会推广财务会计和管理会计。

1. 内部信息使用者在信息要求上趋于一致

在传统意义和价值形式以及管理会计和企业财务专业会计之间的直接选择中，本质差异反映了内部和外部实体之间的关系。财务会计直接处理企业内部信息和数据的组织，而管理会计则主要处理系统形成的外部信息和数据。

2. 会计研究对象的极大发展

财务会计真实地反映资本流量和一系列经营活动；财务会计的对象是监督和指导的内容。财务会计和管理会计是基于金融的价值信息的内容及其科学研究对象的比较，是将税收会计系统中的综合数据计算和组织为无用的信息，然后使用该信息的内容控制企业的业务活动，以使企业的利益与众不同。

3. 会计的终极目标一致

在现代财务会计中，应强调企业的财务专业应为所有财产实体（业主、清算人）提供更多的财务和会计信息，强调对企业法人所有权的管理，体现在管理会计上。会计的功能是加强内部结构的管理，保障每个资产主体的权利、分配权原则和财产权利。另外，在现代企业自身管理模式下建立二者统一的服务，一般要求财务会计和管理会计共同合作才能达到积极维护所有资产主体的合法利益、提高企业效率的最终目的。

（四）企业财务会计与管理会计融合的方式

1. 基础数据是财务会计与管理会计工作的基础途径

企业的财务和金融专业人士通过确定和计量标准以及与之相关的专业会计识别及使用概念性的基本综合数据；专业会计分录的准备实质上是建模方法的计算，建模方法的计算结果反映在财务专业会计分类方法、总分类账和会计数据报告中。财务会计的日常管理是使基础数据最终用于选择原始自然信息内容，通过差异计算、比较和分析得出结论，并生成计算过程，以及在计算后生成基于实际情况的调查报告。二者的起点是从业务管理工作活动中获得基本的经济数据，因此，通过合并原始信息源，可以使财务会计和管理会计的基本数据最终被完全兼容。

2. 信息技术与网络实现财务会计与管理会计的融合

通过数据库中的数据和管理系统功能，可以更有效地管理原始会计信息源，充分满足财务和财务专业及管理工作的需求，使财务会计更加方便地使用各种信息。同时，网络通信技术和在线数据收集的核心技术可以确保这些信息的及时收集和传输，如一些原始的自然综合数据可以满足日常管理企业财务专业会计的要求，以便及时处理信息内容。

综上，建立财务会计和管理会计相融合的会计体系能有效减少重复劳动以及资源浪费，从而有效提升会计信息的透明度，使得信息使用者所掌握的信息更加全面，为企业的发展奠定良好的基础。

第三节　基于云计算的企业会计信息化创新

本节，以某科技公司为例，分析基于云计算的企业会计信息化创新及其成效。

一、企业会计信息化现状及问题分析

（一）企业简介及会计信息化现状

1. 某科技公司简介

某科技公司成立于 2008 年，是一家批发和零售型的中型企业，主要经营范围包括：微机、微机配件及耗材、软件、数码产品、通信终端设备、智能产品、办公用品、办公自动化产品、家用电器的销售；电脑组装、计算机及配件、维修服务；通信设备维修服务；广告策划、设计、代理及发布服务；多媒体教学设备、教学仪器、实验仪器；LED、DLP 大屏幕的销售、维修、维护等业务。经过多年的努力奋斗，某科技公司规模不断扩大，利润水平也逐年提升，公司总人数已达近 200 人。目前，某科技公司在山东省内成立了 7 家分店，各分店同时进行各项业务的销售并接受公司总部统一检查、监督与考核。

2. 某科技公司会计信息化现状

某科技公司成立之初，业务量比较少工作也较为简单，这期间的会计工作由两位财务人员负责手工完成。但是随着公司业务不断发展，会计工作量不断增加，据某科技公司统计，2011 年间，公司每月处理的凭证账簿至少达 20 本，月末、季末、年末汇总整理单据时财务人员存在极大的不便，为解决此问题，公司从传统的纸质版会计核算转变为财务软件核算。到 2012 年，公司决定使用某财务软件改善财务人员手工账记账、核算的情况，这是公司在会计核算工作方面的首次突破，大大提高了财务人员的工作效率，也避免了不必要的劳动力资源浪费。2016－2018 年间，公司准备发展更多门店并向网络市场进军，随之而来的就是公司在发展的过程中出现的异地财务数据汇总、分店财务监控、资金管理等问题以及管理层更高的决策需求，这种问题和需求在 2019 年初的时候表现得极为突出。在此情况下，公司亟需更换一套统一的会计信息化系统以应对业务需求和公司未来的发展。

为了全面、客观地掌握某科技公司未进行云计算会计信息化创新时的相关情况，在 2019 年 2 月份对公司会计信息系统的使用者进行了调研访谈，访谈提纲内容如表 6-1 所示。在访谈的内容上，主要围绕着以往会计信息系统更新情况、覆盖业务面、数据准确性、安全性、信息及时性和现存缺陷等几个方面展开。该访谈的对象为公司使用及维护现有系统的人员，共访问了 9 人，包括公司财务部、技术部以及管理层人员，并对访谈内容进行录音记录。

表 6-1　某科技公司会计信息化情况访谈提纲

问题：
1. 公司目前使用的财务系统有哪些？
2. 公司现使用的财务系统更新情况如何？

问题：
3. 公司现使用的财务系统能否覆盖所有业务？
4. 公司现使用的财务系统在数据汇总方面准确性如何？
5. 公司现使用的财务系统在数据维护方面是否有难度？
6. 公司现使用的财务软件在数据安全性方面是否具有可靠保障？
7. 作为使用者，是否可以及时获取会计信息？
8. 作为使用者，认为现有财务系统有何缺陷？
9. 根据公司现有业务以及未来发展情况，对期望更换的会计信息化产品有何新的需求？

访谈内容分析如下。

（1）4个系统并行使用。某科技公司自2012年起开始使用财务软件，在此期间经历了7个年头。随着公司业务不断拓展，分店逐渐从本市延伸至省内，公司对会计日常工作以及销售方面的需求也越来越高，而原有的财务软件中其销售系统却并不适用公司各门店工作情况。因此，公司随后陆续上线了其他几个系统满足发展需要，分别是门店销售系统、分期付款系统、会员积分系统等，与财务软件会计核算功能并行使用。

（2）主要会计信息系统无法更新。调查发现，原有财务软件属于一次性买断软件，无法更新。虽然在使用之初财务软件为企业的会计工作带来了极大的便利，比如简化了手工账登记的繁琐流程、提高了财务人员期末结账和核算的工作效率，但随着时代的进步和科技的发展，软件不能随财务人员工作需要以及公司业务发展而及时更新的问题便暴露出来，对公司日后的财务工作以及规模扩展均带来了阻碍。此外，该财务软件只适用于Windows XP系统内运行，随着Windows系统的不断升级，当今市场上的电脑早已将Windows XP系统淘汰掉，而原财务软件却无法安装于新系统中，公司财务人员仍在使用老旧电脑进行业务操作，在日常会计业务操作方面造成了极大的不便。

（3）以往会计信息化系统无法覆盖所有业务。由于互联网的迅猛发展，公司有意开辟网上商城进行数码产品的销售，而现存会计信息系统无法满足网上销售业务。此外，由于会员积分系统存在地域性，随着多家门店在各地的成立，公司会员也分散于省内各个城市，而现有会员系统不具共享性，如果会员进行异地消费，无法直接进行消费积分累计，需经过异地财务部门工作人员双方确认信息后才可进行后续操作，且总部财务人员无法进行会员积分以及折扣的实时整合，这不仅降低了财务工作人员的工作效率，而且使得顾客利益受损，长此以往，更不利于公司未来的发展。

（4）数据汇总方面困难重重。在数据准确性问题上，所有财务部的访谈对象均认为，多系统并行的工作模式在销售数据、库存汇总方面都会造成一定的差异，长此以往，会对公司的经营利润造成一定损失。同时，总部对各分店的经营状况无法实时监控，各分店之间的数据也无法共享。另外，在数据维护问题中，涉及这部分访问的公司相关人员均表示，公司作为中型企业，在数据维护方面成本有限，难以投入大量资金对公司服务器端的数据库进行维护。

（5）根据对访谈结果的分析，整理出了以往会计信息系统的缺陷。在多个系统并行使用的过程中，为了使门店的销售数据传输到财务软件销售管理系统中，软件的设计人员专门编制了一套程序。这种为企业量身定做的系统本身就存在着无法与其他新系统匹配的问题，且后续系统升级、其他业务集成方面也受限制，这就造成了信息孤岛现象的产生。再者，财务软件会计核算系统要将门店销售系统的数据储存起来以便后续使用，因为不同系统中使用的会计核算方法并不一致，这就造成了数据汇总后存在一定的差异。此外，公司在近两年内增加了一些新的业务，其中包括保险服务、网上商城等，而现有系统无法满足这些新业务的发展需要，也就无法直接在系统内进行相关业务的财务数据记录，还是需要财务人员将这些业务的开展情况通过纸质单据手动输入，给财务人员增加了工作负担。

（6）需求方面。财务部以及管理层在访谈中提出以下几方面的需求：其一，希望公司下一步更换的会计产品能够涵盖当下所有日常业务，不再需要财务人员定期上传汇总数据信息；其二，简化报销审核、审批流程。现有系统中报销审批流程繁琐且等待时间较长，给业务人员带来极大不便，会在一定程度上降低业务人员工作积极性。公司希望能够解决报销审批问题，通过财务工作的升级提升业务人员的满意度；其三，公司希望系统内数据能够实现实时传输，方便财务人员、企业高层管理人员进行查看；其四，公司希望增加智能化分析功能，自动筛查出数据漏洞，为财务人员提供风险提示，减少不必要损失，帮助公司管理层对公司现状及未来发展做出合理决策和规划；其五，完善资金集中管理模式，真正做到总公司财务部门统一管理，实时监控资金变动情况。

（二）未实施云计算会计信息化存在的问题

1. 财务信息孤岛

某科技公司信息孤岛问题较为严重。虽然公司自建设会计信息化以来，陆续引用了财务软件、门店销售系统、分期付款以及会员积分等系统。但通过对公司实地考察得知，不同系统将各自的数据传输到财务软件的时间无法做到统一，这些系统与系统之间在各自的功能上没有起到关联互助的作用，数据信息方面也无法实现共享，公司日常的业务流程与应用之间也存在脱节的问题，导致信息孤岛现象的产生。

各个产品库存情况以及门店之间的数据信息无法共享，财务、销售、管理的数据无法进行交流，出现数据脱节问题。在公司多个信息系统并行的情况下，出现了财务账与实务账不同步的现象，进货、销售、库存数据分离。出现这种情况的原因就在于财务软件、门店销售系统、会员系统等都是独立运行在各自系统内的，没有做到各个业务在同一环境内工作，使得公司在数据、系统以及业务方面都产生了信息孤岛现象。随着分店的不断增加，总公司财务部门对各分店的数据获取情况有更高的要求，但门店销售系统的数据与总部财务数据很容易因为汇总不同步造成一些误差。简言之，系统之间的脱节以及财务业务流程彼此孤立，使公司在实施会计信息化道路上遭遇阻碍。

（1）数据汇总方式存在缺陷。数据传输汇总如图 6-1 所示。

图 6-1 数据传输汇总图

公司财务人员获取各种数据的途径有所受限，不管是门店销售数据、分期付款信息还是会员积分的情况，都无法直接、实时地在财务软件中获得。基于此，为了使不同系统中的数据得以汇总在一个数据库中，软件技术人员编写了点对点的数据传输程序，该程序中设定了其他三个系统向财务软件传输财务数据。但在实际运作过程中，一旦更换其中任何一个系统或某一个系统出现故障，势必要重新编写新的程序，这对财务数据的汇总工作造成了极大的不便，也会耽误财务人员的工作进度。此外，通过和公司财务工作人员沟通还了解到，各项数据上传工作在每晚八点后进行，这从另一方面反映出财务人员查阅数据存在延时性问题，并且非工作时间进行财务数据传输，可能会出现网络故障或机器故障，由于该时间段属于技术人员下班时间，出现故障后无法及时到场解决，随之而来的问题便是财务数据传输推迟、更新越发滞后，给财务和销售人员的工作带来很大阻碍。

（2）会计核算方式不统一导致数据准确性较差。该公司统计订单销售数据统一使用门店系统，每天进行汇总传输到财务软件服务器中，并且门店系统会计核算为日清月结，统计采用每日加权平均法，而财务软件中的销售子系统采用每月加权平均法统计。据调查，公司共有 7 家分店，每月订单数量平均达 4 万份，因系统会计核算引起的差异每月在 2～3 万元。门店销售系统与财务软件之间销售数据汇总差额，如表 6-2 所示。

表 6-2 门店销售系统与财务软件之间销售数据汇总差额

某科技公司总部	2016 年	2017 年	2018 年
门店销售系统与财务软件年销售额差额	约 340 000 元	约 390 000 元	约 380 000 元

在门店系统中出库的商品种类、价格以及销售数量顾客信息等最终由收款处工作人员根据纸质版订单进行录入，后期反馈得知时常出现将顾客个人信息登记错误的情况，这对公司长期业务发展带来了很大的负面影响，降低了顾客的满意度。

（3）财务数据无法实时共享，存在滞后性。多系统并行的工作模式下，公司使用的各种财务软件是在局域网内进行的，而局域网的范围一般只能达到方圆几公里内。事实上，在最初公司规模较小时，这种工作模式为公司带来了便利，也在一定程度上起到公司信息保护的作用。但随着公司规模的拓展，到目前为止已经成立了省内 7 家门店，很多业务的办理和开展不仅局限于公司所在的区域内。由于局域网区域的限制性，业务人员进行后续工作时，只能用公司配备的电脑在特定区域内办公，不仅影响了工作效率，而且阻碍了公司业务的发展。另外，对财务部来说，在财务软件里查看的是前一天各门店的销售数据，本身具有滞后性。而业务人员在外进行采购销售工作时，因局域网的限制，处理工作的问题也存在滞后性，这都造成财务人员无法进行及时的数据审核。

2. 资金管控情况较为薄弱

某科技公司以往采取的是资金集中管理模式，但财务人员在资金管理的过程遇到很多阻碍，实施的结果也不尽如人意。各家分店都在其各自的地区开设银行账户，资金的往来情况均由各分店自行决策保管。这样一来，分店不仅占用了部分资金，而且无法完全地受到公司总部的监控。同时，由于公司之前的财务软件中并不具有资金管理系统，无法做到对各个分店的账目情况进行实时监控和管理，要想了解到每一笔资金的具体去向和细节难度比较大。因此，分店一旦出现资金挪用、账外循环等情况有可能会混过总公司的监控，这就会导致公司总部在不知情的状况下遭受不必要的损失。即使总公司定期派财务人员对分店进行实地调查账务情况、盘查核实资金往来，但毕竟总部财务人员调查精力有限，很难一次查到根本，不仅浪费了时间，而且浪费了精力。另外，公司总部和分店之间尚未使用共同的结算平台，资金的使用、调配只能通过视频、电话、邮件沟通后才可进行后续操作，财务工作效率较低，浪费了很多时间，且存在一定的滞后性，严重耽误了公司各项业务的开展。

3. 缺乏有效的财务分析

对该公司之前使用的财务软件进行分析发现，该软件只能对各项总账功能模块进行操作以及期末报表的输出和简易地分析数据，未涉及财务数据的智能化分析，也不存在对资金的预估管理情况，很难真正地为公司提供正确的决策方向。简而言之，财务部门的具体职能并未得到良好的体现，只能完成比较传统的业务需要，财务数据也未能做到实时更新，这势必会影响公司管理层对有效的财务信息进行决策。

通过访谈获悉，该公司所使用的会计信息系统因为缺少专业的财务分析功能，仅通过财务人员根据自己以往的经验对着报表进行分析，并且为管理人员提供的数据信息也是由财务人员汇总后完成的，科学性和准确度方面都有待考证，并不能为企业的管理人员在决策过程中提供良好的依据。由于该公司拥有的信息化系统能力有限，财务部门中许多对公司发展有利的信息都没有被充分地利用。因此，对该公司来说，引入一套设备完善、会计信息功能健全的系统十分迫切。

此外，该公司以往是多个分店共用一个账套进行各项业务的信息录入，账套管理存在混乱的局面。财务人员在对某个分店的销售业务和资金往来信息做调查时，操作过程较为繁琐，需要将某个分店的业务逐一筛选出来，致使总部财务部门无法实时对分店进行调查和监控，而财务部门获取分店的各项信息不及时将不利于公司总部对各分店的经营管理做出高效、准确的决策，并且对各分店的监控也浮于表面，从而导致不能为公司总部的管理人员提供有效的决策信息

4. 财务数据安全性存在风险且缺乏监控

该公司由于同时使用多个系统，并且这些系统未在广域网的环境下操作使用，一方面，存在着客观的情况使得财务数据安全性可能会遭受攻击。众所周知，财务数据是公司最重要的信息，一旦其安全性受到攻击，将可能对公司带来经济损失；另一方面，公司总部面临着无法对各个分店做到实时监控的问题，即在总部与分店这种运营模式下，缺乏对数据的实时监管会使得总部无法对分店在经营过程中出现的漏洞进行第一时间的补救，进而影响分店的发展以及公司的各项决策。

（1）数据安全性存在风险。引起风险的原因主要体现在以下三个方面：一是销售端数据易泄露。在实际管理中，拥有门店销售系统权限的人员都可以看到公司以往销售数据，换句话说，如果外部人员获取了账号权限，就可以轻而易举地获取公司销售信息，造成门店销售信息泄露；二是上传至财务软件的数据可人为篡改。门店销售系统内的数据上传到财务软件后，信息的录入以及核对工作均可由一人独立完成，忽视了各会计岗位的监督功能，可能会造成人员篡改等问题；三是机房设备运维难度大，公司财务数据储存较难保证。

在近年的发展中，该公司规模不断扩大，业务量不断增多，使得各业务系统的运维难度逐步攀升。不管是进行新业务需求模块的开展，还是对现有财务系统进行软件升级、机房扩容处理，在后续各方面的工作中，处理起来都有较大难度，加之信息部技术人员能力有限、公司资金方面紧张，稍有不慎便可能造成业务服务中断。同时，随着公司规模不断扩大，分公司的增多，公司数据整理与维护成了一个很大的问题。而公司目前并不考虑为了客户端数据的维护工作而加大资金的投入，所以数据的维护成了亟须解决的问题。

（2）内部会计控制存在漏洞，如操作过程、进度不透明并且缺少后台监管。在公司目前使用的财务软件下，会计信息储存于硬盘、光盘、网盘等介质上，很容易被有心之人篡改而不留痕迹。另外，在对公司使用的财务软件实地了解后发现，该财务软件具有反操作功能，操作人员只要具备使用权限，便可进入系统对公司会计数据进行更改。这项功能的存在本是为了发现数据在录入的过程中如果存在错误以及当凭证还未全部录入完成时设计的反过账功能，点击以后系统会自动回到过账前的工作状态。这一功能虽然可以使企业的会计账簿看起来更加干净整洁，但随之而来的问题就是抹掉了修改痕迹，给一些居心不良者提供了恶意篡改数据的机会。例如，有些财务人员为了一己之私可能会做出危害公司发展的举动，严重阻碍了公司前进的脚步。

（三）实施基于云计算会计信息化创新的必要性

通过上述对该公司的问题分析可知，该公司急需通过进行会计信息化转型改变这种局面，为公司日后规模的扩展奠定良好的会计工作基础。从宏观角度来看，我国中小企业受到各方面因素的限制。其一，资金有限。传统会计信息化产品所需投入的成本过高，中小企业考虑到成本因素，较少能有企业有魄力去进行前期的投入；其二，人才缺乏。中小企业内部很少有信息技术水平顶尖的人员，且大多数会计人员不具备信息技术专业知识等，使得会计信息化普及率远远低于大型企业。随着企业管理和信息技术的突破融合，会计信息化在企业管理中的地位与日俱增，起到举足轻重的作用。而云计算环境下的会计信息化产品具备非常多的优势，如低廉的成本和高回报率，为中小企业的会计信息化创新提供了新的机遇。

1. 云计算会计产品具有显著优势

通过对云计算会计产品的深入了解发现，与该公司以往传统的会计系统相比，云计算会计产品具有诸多明显优势，如运营成本较低。此外，它还拥有强大的储存空间扩展性、异地协同性、外部关联性。另外，云计算会计服务产品的数据存储更为灵活，当前会计系统的数据储存是将数据放置在存储媒介当中，如优盘。而云服务模式中的数据将被存放在云端，就使得数据具有比较强的可靠性以及灵活性。云计算会计产品与局域网会计产品对比情况，如表6-3所示。

表6-3 云计算会计产品与局域网会计产品对比情况

对比项目	云计算会计产品	局域网会计产品	云产品优势
系统建设情况	服务商在云端进行统一部署，无须企业操作，用户只需通过互联网即可进入访问通道。	自建机房，本地进行软硬件设施部署，系统建设周期较长。	系统建设效率高，企业自身无须承担风险。
系统涵盖功能	结合不同企业需求，功能涉及全面，智能化程度高，可定期更新。	功能较为固定（一般为企业基础需求模块），更新速度无保障。	企业自主选择性更高，根据自身需求选择开启哪些模块。
企业投入成本	仅需定期向服务商支付云计算会计产品使用费。	初期软硬件设施的大量投入和后期设备运维开销。	投入成本较低。
异地协同性	在有网络的环境中便可借助电脑或手机办公，实现随时随地工作。	仅限局域网内办公，且无法使用手机设备，局限性较大。	异地协同办公效率更高。
外部信息关联性	可直接对接财务相关的外部系统（如网上银行、政府报税网站等）。	受系统以及局域网限制，无法与外部信息取得关联，存在封闭性。	外部信息关联性更强。
储存空间扩展性	数据储存量不受设备限制，由服务商提供储存数据服务。	受机房系统配置和硬盘储存空间等硬件条件的限制。	储存空间不受限，扩展性更广。

2. 企业内部层面

（1）助力企业会计信息化实现跨越式发展。该公司在以往会计工作中通常采用现成的财务软件。这种情况下，需要该公司在建设会计信息化之初就购买硬件设备，再向软件服务商购买会计信息系统，如果是一些大型的企业，会委托服务商为企业量身定制符合自身业务需求的会计信息系统。在这个过程中，设备安装、调配以及运维不仅会耗费大量时间，而且会带来很多隐性的成本支出。而云计算模式下，企业可以通过在线租用或者一次性购买使用年限的方式而获得会计信息系统的使用权，此后只需要按期、按公司用户数量付费就可以突破时间、空间的限制使用会计信息系统。最关键的是，在云计算环境下企业可以根据自身业务需求有针对性地在云会计产品内添加企业需要应用的功能模块，在一定程度上可以获得定制化的服务，整个使用界面也会清晰整洁。同时，也有效地避免了该公司为了满足新业务需求而投入系统维护升级费用所引发的资金短缺局面。除此以外，企业应用云计算会计产品的组织架构是服务商根据企业的需求由专业团队设计完成的，在后续使用过程中，公司可以根据自身业务的拓展情况不断要求服务商进行会计产品功能的更新，以促进企业在市场中的发展。从这个角度看，该公司可以实现会计信息化的跨越式发展。

（2）降低会计信息化的建设实施风险。在过去传统的会计信息化建设模式下，企业自行开发会计信息系统存在很大风险。举例来说，部署应用程序环节，难以准确测量所需的储存设备和机房服务器数量：假如该公司购买过多的硬件设备，就会出现资源浪费的现象；假如购买太少，业务需求就无法实现，也难以进行公司正常业务的开展。而且系统开发过程中也存在着失败的风险，失败造成的资金成本也是一般企业难以承受的。此外，随着公司业务的拓展，所应用到的模块也就越来越多，如何更新和扩展现有的会计信息系统已然成为一个十分令人头疼的问题。相比之下，云计算会计产品的出现消除了上述风险。首先，原本应由企业购买的软硬件设施均由云服务商供应，可根据用户需求随时进行增减，不受资源方面的约束；其次，云计算会计产品全程由云服务供应商开发，并已通过试运行，无须企业耗费物资。对于用户来说，不用承担开发失败的风险；最后，即使用户因新业务的拓展需要引入其他会计工作模块，也可以通过及时向云服务商反馈的方式加以解决，即服务商将根据行业整体需求对云计算会计产品进行更新，不存在功能扩展难的问题。

（3）满足公司的个性化需求。针对中小企业的云计算会计产品，在设计、开发时借鉴了过去面向大型企业的传统会计信息系统的应用内容，开发了多种功能模块。其中包括针对不同行业类型的中小企业操作模式，涵盖了生产企业、零售企业、养殖企业、科技创新型企业等。不同的中小企业在各自的业务方面虽然存在着差异，但具体的业务流程其实大同小异。因此，尽管他们的个性化需求不同，但这些中小企业仍然能够从云计算会计产品中选择适合自己的功能模块，像该公司，就可以通过选择适合零售行业、电商行业的云计算会计产品开展日常业务工作。

（4）解决企业信息技术人员匮乏难题。在国内，大部分中小企业在信息技术人才方面较为短缺，尤其是既具备会计工作经验又具备专业信息技术知识方面的复合型人才更为稀少。这就造成中小企业在会计信息系统的开发方面难免会遇到重重阻碍，而中小企业如果使用云计算会计产品，一切关于财务产品的开发、升级、运营以及售后服务相关的问题都会通过云服务商内部的专业技术人员进行解决，不再需要聘用专业的信息技术人员去设计、开发软件，这无疑为中小企业解决了信息技术人才短缺的局面。对该公司来说，不仅解决了人才短缺的问题，而且为企业节省了一大笔费用开支，让企业能够将更多的资金投入到经营管理以及业务水平的提升方面，提高该公司的核心竞争力。

3. 外部环境层面

（1）利用员工对互联网的了解。随着 2021 年的到来，大多数中小企业的员工年龄已经从"70 后""80 后"向"90 后""00 后"倾斜。纵观"90 后""00 后"身上的特质不难发现，他们有着对计算机先天的优势，可以说在有互联网伴随他们成长。因此，将云计算会计产品引入中小企业，正是顺应了时代发展潮流，充分利用员工自身的特点，将人和互联网紧密结合，释放出一加一大于二的效果，让会计工作达到新的台阶。

（2）创新驱动，营造新管理模式。"云"计算会计产品不是一朵虚无缥缈的云，它代表了一种新的管理模式，新营销、新制造、新财务、新平台。在云端，企业可以面对更多创新的场景挑战，面对越来越多的主体，跨地域、跨时间段、跨网络、跨角色去沟通。一种新的管理模式在云端，既可以为客户提供更多丰富的咨询，也可以提供更多的服务，表面上看是解决企业财务问题，实际上推动了企业整体的革新。

（3）紧跟政策性文件。2015－2018 年间，工信部连续发布政策性文件，为进一步推动大中小企业上云。例如，工信部 2018 年 7 月提出了企业上云的工作目标：近几年，云计算在企业生产、经营、管理中的应用广泛普及，全国新增上云企业 100 万家。同时，在此基础上要实现典型模范标杆应用案例 100 个以上，建成一系列有吸引力、影响力的云服务应用平台以及企业上云服务体验中心。要将不断提升企业自身的发展水平、解决实际业务工作中遇到的问题为基础作为上云的目的，要将公司日常工作与信息化应用服务二者相融合，助力企业业务创新、流程重构、管理变革，加速企业数字化、网络化、智能化转型。此外，工信部特别强调，企业应优先考虑选取业务特征与云计算服务特征相契合、上云价值效益显著的信息系统上云，以提升企业业务创新速度，同时也应该通过大数据、人工智能等服务实现企业的业务拓展。

因此，在这个背景下，该公司将引入云计算会计产品作为业务需求，这是时代发展的需要，为企业会计信息化实现跨越式发展提供了基础保障，既加快了信息技术服务响应、企业前端业务和市场需求的速度，也缓解了中小企业专业技术人员不足、能力偏弱的问题，大力推进企业当前信息化发展速度以及业务创新能力。除此之外，引入云计算会计产品也顺应了政策性文件的要求，在财政部、工信部的大力支持下，更加坚定了企业上云的信心，为企业实施云计算会计产品提供强有力的政策保障。

二、基于云计算的企业会计信息化需求及创新过程

(一) 基于云计算的企业会计信息化创新需求分析

1. 总体需求分析

在此通过实地跟踪调查，对某科技公司的会计信息化创新需求进行分析。从总体需求方面考虑，分为战略层、运作层和技术层三个层次。战略层是站在某科技公司宏观发展的角度，去考虑云计算服务对公司财务的影响；运作层则是从该公司业务以及管理的角度，思考在云计算服务的运作模式下，公司会计业务会有哪些改变；技术层则需要从该公司技术人员能力，如对设备运维能力方面进行评估。

(1) 战略层需求分析。企业信息化的核心便是实现会计信息化，因为会计信息能够实时地反映企业经营的具体情况。高效的会计产品可以将企业的会计信息及时、迅速地传送到企业管理层中，使管理人员能够在第一时间获取企业的运营状况，以便更好地加强高层对公司的整体控制。这从侧面说明会计信息化发展的好坏关系到该公司未来的前行道路，优质的会计服务产品可以有力地提升公司的经营效益以及人员的工作效率，所以我们说会计信息化是企业发展中尤其重要的一环。该公司在制订战略层需求时，对会计信息化的总体目标是从公司未来业务拓展的角度出发的，即管理层以及财务工作人员不仅满足于现有业务的开发和使用，更期望新的会计服务产品可以为企业长远的发展带来不竭动力。

(2) 运作层需求分析。在该公司运作层进行分析时，主要包含的内容是对公司以往业务流程的需求分析以及站在管理层的角度对企业管理流程需求方面的分析。企业必须通过对供应链、主营业务内容等进行需求分析，以实现在后续运作层的操作，还应加强信息技术与会计相关业务的结合，使公司自身能够对业务流程起到优化的作用，最终实现提升企业运作效率的效果。

(3) 技术层需求分析。在战略层和运作层的基础上，该公司还应进一步分析企业在技术层面的需求。对当前已经使用会计信息系统的该公司来说，如何实现在云计算的环境下将原有业务的财务信息、重要数据平移到新的系统中，以及如何在新系统内对新业务进行拓展都是技术层面应考虑到的内容，公司期望更换会计产品的最终目的就是实现业务流程与云服务的交相融合。

2. 具体需求分析

具体需求指该公司通过实施云计算会计信息化创新后能够有哪些具体的改变，只有确定好这些，才能有针对性地进行后续方案的设计和产品的选择。通过对该公司实际情况的调研以及前文提出的会计信息化方面存在的问题，对公司现阶段的具体需求进行了以下整理：

(1) 财务业务一体化。公司自身的业务范围涉猎很广，且企业现有会计信息化系统由多个软件共同组成，虽然企业各项业务也能在此系统下运行，但系统间的数据传输引起财

务人员工作效率低下、账务出现差异、业务人员工作地点受限等问题接连发生，长期下去，对公司开展业务、扩大规模以及人员管理都将产生不利影响。通过对公司日常会计工作的长期接触，了解到该公司财务工作人员迫切希望建设统一数字化平台，通过财务、供应链一体化平台的搭建，可以实现基础信息、业务模式、核算标准、政策执行的统一管控。

（2）改善服务器运维问题。该公司现有财务软件的维护工作，依靠公司内部的信息技术人员来完成。由于各个系统的数据均存放于公司自己的服务器设备上，需要技术人员进行定期维护工作。2016－2018年间，随着公司分店数量不断增加，各分店生成的财务数据也日益增多，在实地访谈中了解到，对公司现有信息技术人员来说，受自身能力以及公司投入成本的限制，疲于应对这些难题。管理层希望在更换系统后既可以解决客户端的维护工作也能控制成本的投入。

（3）实时掌握财务动态。在使用公司以往会计信息系统后体会到，公司以往会计信息系统受局域网限制，导致财务人员无法实时看到成本、利润、现金流等数据，对内部事项的查询与核对存在滞后性。这就使得递交给管理层的财务信息不具有即时性，一般而言会出现7～14天的信息滞后性。在当今变化莫测的市场中，每分每秒都可能为企业带来盈利或亏损。公司的财务人员以及管理层方面均期望日后上线的新系统能够改变受局域网、地域局限的情况，有望利用动态化的财务信息提升公司决策水平。

（4）简化报销流程。该公司受当前系统功能影响，报销流程较为繁琐，耗时较长，且需要分部门按月将发票整理汇总报送财务部。在实地访谈以及后期对公司业务工作跟进中了解到，对在外进行销售业务的工作人员来说，报销时效过长，大大增加了其个人生活成本负担；对企业自身来说，这一流程也增加了财务人员月末的工作压力，可能存在审批疏漏现象。因此，该公司期望能够提高报销流程的效率，促使其向电子化报销机制迈进。

（二）基于云计算的企业会计信息化具体创新过程

1. 选择合适的云服务商

通过某科技公司问题以及需求分析，明确了公司想要改善之处。某科技公司最终决定选择云计算模式建设会计信息化，首先第一步就是要选择合适的云服务商。

经过对市面上众多云服务商进行考察，在此选取了六家适合中小企业业务需求的云计算会计产品，并根据某科技公司在业务方面的侧重选取了云计算服务产品评价体系的标准，邀请三位专家对各级指标打分，运用层次分析法，逐级对指标进行分析、分解，形成有序的评价结构和清晰的逻辑层次关系，最终建立评价体系指标，为公司更换云计算会计产品提供参考意见。

在主要客户群和产品信誉口碑近似的情况下，大致将云计算会计产品的选择标准分为服务费用、产品功能、售后服务水平和安全性能等四个方面，从而相应选取六家云计算会计产品分别是金蝶云·星空、浪潮易云、用友好会计、管家婆、云代账、柠檬云等作为方案层，建立基于云计算的会计产品选择指标体系，如图 6-2 所示。

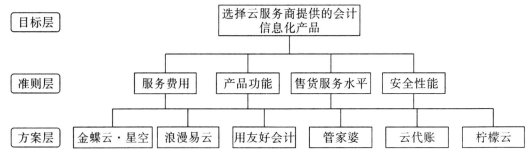

图 6-2　基于云计算的会计产品选择指标体系图

在选择符合会计工作和管理需求的产品时，大多数中小型企业普遍认为，产品功能具有极其重要的地位。产品功能的丰富度和智能化水平预示着企业会计人员在使用产品时的便捷性以及工作效率。因此，在评价指标时，专家不仅需要考察产品功能是否具有针对中小企业会计核算的普适性，而且需要考察在每一功能下，产品功能的设计是否人性化、智能化。

云计算会计产品的安全问题是企业最为关注的因素之一。在使用中的安全问题主要包括数据信息隐私性、数据的主权和迁移等方面。云服务商只有将安全问题处理好，才能增强使用者对云计算会计产品的信心，真正放心地享受云服务带来的便捷之处。此外，安全性也是众多企业选择产品时所看重的一点，这是因为企业的生产成本、销售利润、库存情况和资产负债情况都是具有保密性质的数据，一旦提供云计算服务商的服务器出现漏洞，便可能会对企业造成极大损失。

售后服务水平目前也作为一项重要指标纳入大多数企业所考虑的范围。一个好的产品，不仅前期、中期工作做得出色，后期工作同样也是很重要的一部分。在云服务模式的这种会计信息平台中，前期企业自身不需要购入硬件设备，后期也不需要运营维护，所以对某公司来说，提供云服务的供应商的专业技术人员的水平很重要。如果技术人员水平有限，就会影响企业后续的使用感受。因此，云服务提供商应该提供相应的保障，一旦财务工作中出现问题，要求服务商要在规定时间内修复好系统。总而言之，衡量售后服务水平的优劣包括产品更新速度、技术人员素质水平以及处理企业使用产品时遇到问题的效率等。因此，在这方面某公司应该本着对企业负责的态度，选择在软件技术行业资历较深、排名较靠前的云服务提供商。

服务费用重要程度相比前三项指标来说稍弱一点，大部分中小企业都期望选择一款性价比较高的产品。在企业可承受的范围内，寻找到最适合企业日后发展的一款会计产品，不仅能发挥产品的效能，而且能为企业节省不必要的开支，最大限度地节约成本。

（1）基于层次分析法的指标体系分析。

第一，层次分析法。在多目标决策过程中，会出现变量多、构造繁琐、不确定因素影响显著的复杂系统，而系统内的决策问题需要正确评价描述目标的相对重要性。然而，每个因素的重要性是不同的。为了反映每个因素的重要性，有必要估测每个因素的相对重要性（即权重），而由每个因素的权重组成的集合就是权重集合。权重客观反映了各指标本身的物理属性，是主客观因素综合衡量的结果。

层次分析法是当前比较权威的权重确定方法。它属于系统工程理论，在多目标多准则决策方法中将复杂问题中的因素划分为相互关联、有序的层次，是一种将定量分析与定性分析有机结合的处理方法。

第二，构建判断矩阵。构建基于云计算的会计信息化产品选择标准的判断矩阵，赋予各指标以权重，是通过层次分析法进行分析的关键步骤，影响是否合理地进行赋权将直接关系到权重结果的可靠性。由三维专家根据九分度表法，将各指标对其上层指标的影响程度进行打分评价，并将同一层级中的指标两两之间相互比较。

第三，群决策数据及分析。具体如表6-4、6-5所示。

表6-4　准则层权重

准则层元素	全局权重	同级权重
服务费用	0.0625641	0.0625641
产品功能	0.438191	0.438191
售后服务水平	0.14109	0.14109
安全性能	0.358154	0.358154

表6-5　方案层权重

方案层元素	结论值（权重）
金蝶云·星空	0.291255
浪潮易云	0.229925
用友好会计	0.216469
管家婆	0.10599
云代账	0.085534
柠檬云	0.0708268

由表6-5可知，基于云计算的服务产品选择方案排序依次为：金蝶云·星空＞浪潮易云＞用友好会计＞管家婆＞云代账＞柠檬云。其中，排名前三的云服务产品结论值差异不大，从对某科技公司自身发展的角度考虑，公司最看重的是安全性以及产品功能两大方面，同时结合了产品市场占有率以及同行案例反馈情况，该公司最终选取了金蝶云星空作为建设实施的产品。该产品不仅能够为企业建设基于云计算的会计信息化，而且能够为后续实施企业信息化奠定了基础。

2. 确定产品试用方案

某公司日常使用到的功能是财务平台板块，该模块包括资产分类、账簿使用、业务设置、工资管理、日常结账、凭证登记、出纳管理、采购管理、销售管理、存货管理以及各项报表等功能，除此以外，还包括日常账目里的总账、明细账、四大报表等功能。这些功能能够满足公司日常的会计工作处理流程，而在云计算模式下的服务产品中将这些功能一一启动，并且每一模块都有工作人员进行权限受理，只有被授权的工作人员才可以进行相关业务的操作。这不仅实现分工明确、职责分明、专人专项的工作要求，而且可以在极大程度上提高财务工作人员的工作效率并做到工作留痕，一旦后续出现问题，方便进行查看。金蝶云·星空中的辅助核算功能还可对各个业务进行单独核算，从进货、存货、销售三个方面进行协调统一的集成，形成一站式、一体化的工作模式。通过资料了解到金蝶云·星空会计产品能够根据填写的各种单据实时结转企业所需的数据，也可以实现自动生成记账凭证，完美地体现了各个功能模块之间的协调配合，不再需要工作人员进行耗时耗力的沟通，做到精准、快捷地处理公司各项财务数据。更重要的是，该公司在未来发展中需要加入电商平台、会员共享服务功能，在确定方案时也将这些新业务的需求纳入试用方案中，让该公司在使用过程中感受到高效集成的效果。

根据该公司门店数量，在金蝶云·星空产品内共建立 7 个账套，保证每个分店使用单独账套进行财务、销售工作，实现账套独立性。SaaS 模式下的信息系统其优势在于，应用全部通过浏览器进行操作，无须安装软件和铺设各种硬件设备。另外，金蝶云·星空服务商为该公司提供了为期两个月的免费试用期，即 2019 年 4 月—6 月期间，服务商为该公司提供了专业的技术人员，实时跟进该公司对云产品的使用情况。该公司将考察重点放在金蝶在线会计和在线进销存模块的数据访问速度、数据传输的准确性、操作界面设计的合理性、系统服务的稳定性、服务商对用户建议与投诉问题的处理时效等。

试用初期，在某分店进行试点运行，同时分店工作人员在手机设备上安装金蝶云·星空相对应的掌上软件——云之家。软件支持业务员、导购员等一线营销人员随时随地移动办公，如销售开单、拜访管理、巡店管理等业务活动。此外，金蝶云服务商还建立了连接各个分公店的全网会员中心解决方案，方便后续各分店会员信息共享服务。

在此，对金蝶云·星空产品进行详细了解后，并结合某公司自身的发展需求，对云服务商提供的产品功能提出新的要求，希望丰富可选择的应用模块。近两年来，该公司的业务需求和企业规模一直处于快速发展阶段，为了使云计算服务产品能够满足企业不断出现的需求变化，公司要求与金蝶云服务商进行密切地沟通交流，及时对金蝶云·星空平台上的业务需求进行调整分类、使用意见反馈以及后续升级改进等。

经过在某分店初步的试点使用，该公司对金蝶云·星空产品的功能、具体操作过程有了较详细的了解，公司财务人员初步认可了这种基于云计算的会计信息化产品，管理层也认为该云产品非常适合像某公司这样的中型企业，未来可以根据业务需求不断引入其他模块供企业发展需要。根据未来的使用情况以及后续的发展走向，大致整理出了该公司在使用基于云计算的会计信息化产品时的信息化建设整体蓝图。

3. 确定并签署服务协议

在对产品进行试用之后，某科技公司对产品的多个功能模块提出了修改意见，改进后更符合该公司的业务经营流程。与此同时，金蝶服务商也做了相应的承诺，确保在日后提供令企业满意的服务。在明确了双方的合作意向之后，与金蝶云工作人员进行了详细的交涉沟通，尤其在后续系统切换、工作人员如何培训以及产品安全保证方面做了进一步了解。最终于 2019 年 6 月底，该公司与金蝶服务商针对双方责任、服务等级等商定并签署了服务协议。在此协议当中，双方明确规定了服务的内容、服务的质量、计费的方式、安全与隐私的保证、违约责任等诸多与服务质量以及售后服务等相关的事项。

由于该公司为卖场性质的销售行业，无法进行大型、集中的人员培训，在签订服务协议后，金蝶服务商根据该公司的具体情况制订了针对性的培训方案。首先，对各分店财务部门的工作人员进行培训，由培训师负责理论讲解以及实操练习，其中，对外省分店的财务人员利用在线直播学习的方式进行学习并远程指导，确保全体财务人员对金蝶云产品如何使用了解到位；其次，为了不耽误如销售部、仓库保管部等需要实时在岗的部门工作进度，对这些部门只针对主管人员进行业务培训，后续由主管人员负责向部门其他员工进行新产品的推广使用工作；最后，将各部门员工出现的疑问以及具体运行过程中出现的问题，统一汇总整理给金蝶技术人员，金蝶技术人员根据企业的具体问题再进行详细规划，制订出二次培训的方案计划。

从该公司角度来说，引入金蝶云·星空意味着自己企业内部将不再耗费资金打造与企业财务应用、销售有关的软件技术团队，而且财务人员在操作业务时如果出现不懂或者操作失误的地方，不需要企业另寻专业技术人员进行解决，只需要与金蝶云服务商取得联系即可。因此，在签署协议时，售后服务条款是该公司重点关注的协议内容。金蝶服务商也承诺给该公司方面会配备专门的技术指导顾问，对该公司在后续使用过程中进行密切跟踪，及时了解财务、销售以及管理层使用云会计产品的感受。这种做法不仅能够减轻该公司在使用平台过程中的担心和疑虑，而且能够使服务商提升自身的专业服务水平，促进双方良好的合作关系。

事实上，无论怎样完善方案，在使用云计算会计产品的过程中，必定会出现一系列的问题需要服务商去完善和处理。基于此，金蝶服务商也提供了良好的售后服务方案。在正式签订服务协议后，服务商根据协议内容提供一个月的线下售后服务，分派专业技术人员负责现场解答该公司运行过程中出现的各种问题。在一个月后，该公司如果再次遇到难题，可以通过发送邮件或电话咨询等方式向专业人员进行问题反馈，服务商承诺会在 2 个小时内给予答复，尽最大可能为客户带来良好的服务，持续对日后的服务进行升级和完善。

4. 选择产品切换方式

根据对该公司的业务工作内容以及试用情况分析，如果在进行产品新旧切换的过程中直接使用新产品，可能会出现财务人员录入信息错误、产品熟练度不足引发工作效率降低等问题，并且还可能会给消费者在门店购物结账时留下负面印象，影响该公司的整体形象。所以在进行产品切换过程中，该公司采取了新旧产品并行使用的方式。在这个过程中，有专门的技术人员常驻公司，帮助该帮助该公司及时解决操作过程中的小问题，员工也不断适应新产品。最终在全部门店员工并行使用新旧产品为期一个月后，正式将系统更换为了金蝶云·星空产品，并将旧系统内的数据全部转移至了新产品中，实现了产品切换。

三、基于云计算的企业会计信息化创新效果分析

（一）使用方面

1. 优化了费用申请及报销管理流程

金蝶云·星空费用报销系统将某公司全体员工与涉及报销审批的人员直接联系起来，使报销工作不再局限于纸质审批流程，而是提供线上、线下多路径费用报销流程。审批时效也从以往的 15 个工作日缩短为 2 个工作日，员工直接在线上填报报销申请单，财务人员可以直接在财务云上进行扫描件发票、凭证的审核工作，完成报销审批等相关内容。审批完成后只需将纸质版发票上交再核对无误即可，大大缩减流程审批时间。

上云以后某公司费用模块在使用上也变得多功能化，支持费用申请、费用报销、费用转移、核销管理、退款及费用二次分配等业务。该公司通过金蝶云和发票云的集成，实现了员工多种方式归集发票，发票归集后系统自动进行核对查验、验重去重，解决了电子发票重复报销和发票验证的繁杂工作量。具体而言，在报销审核时，财务人员根据发票云服务平台提供的票据原件影像与实物发票进行核对，提高了发票的审核效率。在报销完成后，进项发票自动生成系统中的进项费用增值税专用发票，方便了后续的业务处理。这一功能的实现，一方面，大大减轻了销售人员的生活负担；另一方面，丰富了费用报销审批途径，提高了财务报销人员的工作效率。该报销环节做到与财务的应付、出纳系统无缝集成，实现往来管理更精准、细致，助力该公司在费用安排方面能够合理统筹规划，防止企业资金的浪费和不必要的支出。

2. 提升了财务分析和决策支持水平

某公司在完善会计核算、实现业财一体化的基础上，财务部门除了直接利用财务系统和业务系统的数据外，还利用金蝶云实现了对其他相关信息进行深度挖掘。该公司借助云计算下的会计信息系统，把原先分散的各个分店的财务数据、业务数据集成至同一云端数据库中，并借助财务管理工具识别重要的或敏感的各项财务指标信息，快速准确地了解各个分店的运营状况、资金动向、物品采购入库情况等，促使企业能够第一时间发现问题并解决问题。例如，在财务分析的基础上，该公司根据公司的预算情况，将各部门、各分店的考核目标相结合，以责任考核表的形式发布出来，在执行期间对考核表中出现的差异内容进行分析，找到原因和解决办法，及时对公司的运营管理做出调整。

此外，该公司还通过财务云监控平台设置费用、应付、应收、发票、成本等监控方案，采用比率分析、比较分析、因素分析及多种分析方法，对各个门店的经营活动、财务

活动等进行分析预测预警，以发现各分店在经营管理活动中潜在的经营风险和财务风险。公司通过接受平台发出的警告，督促相关管理部门采取有效措施，不仅避免了潜在的风险演变成损失，而且实现了财务关键数据智能预警，为进一步改进经营决策和有效配置资源提供了可靠依据。

3. 实现了移动＋财务工作模式

在当前云计算会计产品中，移动＋财务工作模式解决了该公司财务以及业务人员受时间、空间约束而无法正常进行工作的局面。基于此，公司业务不仅可以在电脑客户端进行操作，而且可以在手机端、平板端进行，让员工之间的沟通更加流畅，进行日常工作和业务操作突破时空的制约，做到高效处理快速响应。在持续跟进上云后的效果中了解到，移动＋财务工作模式也使公司的高层管理人员能够实时掌握公司各分店的具体财务情况，不再依附于财务部门整理汇总的数据和报表。

（1）实现掌上资金管控。通过云之家掌上软件实时统计公司各分店的资金存量以及近期的资金收付情况，让公司管理人员随时洞悉资金的使用情况。同时，它为公司提高了大额支付预警功能，更好地帮助了公司管理人员及时掌控企业资金相关风险。

（2）加快业务审批。基于云之家工作圈的高效沟通方式，一方面，公司管理层能够提升决策效率；另一方面，财务人员也可充分利用碎片化时间，将时间价值利用到最大化，实现随时随地移动审批。

（3）实现掌上应收查询。该公司管理层以及财务人员均表示，通过掌上应用平台，他们可以按组织、客户查询应收应付账款，掌上平台与银行系统相关联，只要在互联网环境下均可实时查询，包括应收、已收以及尚未收款金额。这比以往的会计信息系统能够更加全面、准确地掌握公司应收账款情况，有效提高了公司应收账款的周转率，减少应收坏账。

（二）数据方面

1. 打破了信息孤岛，实现数据联动

在没有使用金蝶云·星空之前，该公司是多套软件并行的模式下进行工作的，门店销售与总店财务的数据并不互联共通，需要特定的程序进行传输才能互相查看，并且 7 个分店中的数据保存于各自的服务器中，起不到数据联动的效果，只能定期将数据上传至总部服务器中。而使用了金蝶云·星空后，各个分店单独使用一个账套，并由一个数据中心统一管控，即在与互联网连接的情况下，有权限的财务人员在账套内进行操作，财务数据实时上传至数据中心。各个门店之间的库存情况、销售信息可以实现共享公司业务拓展到全省各地，金蝶云·星空产品对下属门店的多组织账表实现了财务数据集中管控，最终实现多数据来源的业务和财务数据集成和分析，真正做到在一个会计信息化平台上的业务财务一体化。

在以往使用财务软件时，受网络因素的限制，该公司无法实现智能化评估、实时监测各分店财务数据异常情况。而在金蝶财务云下，经营分析平台提供自动式平台化分析的报表平台，仅需简单拖拽即可设计出丰富多彩的图形化报表数据，具有数据联动功能，该公司能够从多角度钻取数据分析能力，洞察财务数据背后的经营异常，在这个过程中，公司能够实现循环改善。例如，财务人员、公司信息使用者可以通过电脑端、平板以及手机等多种方式对各个门店的财务数据进行访问和查看，做到多渠道访问，并在具有账号以及权限的情况下，可以轻松体验数据联动机制。

2. 确保了财务数据安全性

在更换产品前，该公司一直处在不断增加硬件数据库来保存公司持续增长的数据的情况下，一旦这些数据库出现泄漏或在运行过程中出现故障，便会对公司财务数据的安全性造成威胁。而当下公司的各项财务数据都以每日两次的频率在后台进行财务数据备份，并且在金蝶云平台下，员工对每一项财务数据的修改、业务信息的上传都会通过云端在后台被记录下来，提高了内部控制水平。运维服务方面，该公司享受金蝶云服务商提供的监控预警、主动服务、运维质量等以智能运维为导向的运维服务。同时，在安全方面已通过ISO 270011认证、信息安全等级保护三级测评、CSA云安全联盟组织会员等认证，安全运维高效保障。最重要的是，金蝶云服务商受到工信部相关安全政策的保护，可以让该公司的财务数据在安全性的各个方面都能得到一个良好的保障。

（三）成本方面

1. 减少了设备投资及维护等显性成本

该公司在过去多系统并行的工作模式下，建设期的显性成本包括软件设备、硬件设备、信息技术部门人员工资、托管网络以及用户培训的费用，以此为分析标准对该公司建设前后的显性成本进行分析。在对该公司使用金蝶云·星空产品前后的成本分析，以3年为一个建设周期进行比较。

2. 降低了后续运营及人力等隐性成本

在使用了金蝶云·星空产品以后，该公司不仅在显性成本方面有所改善，在隐性成本方面也有所降低，比如在人力成本、使用前安装维护成本、功能升级服务、安全服务、数据维护、后期维护以及安装时耗等方面。

（四）不足之处

1. 网络传输存在瓶颈

由于所有在云计算环境下的会计信息化创新都要通过互联网为媒介才能进行业务操作，因此，对网速和网络稳定性要求较高。该公司在处理日常会计业务时出现过网络不稳定的情况。一方面，因为网速慢，在财务、销售人员处理业务过程中出现断网的情况，虽然这种情况为小概率事件，但是一旦发生不仅会影响财务、销售人员的工作效率，而且可能会给顾客带来不好的购物体验；另一方面，因为网络信号稳定性较弱，导致后台实时上传的数据信息没有及时上传备份，在当日下班后，财务人员进入后台查看时才得以发现。

因此，该公司在后续使用云计算会计产品时，需要对网络情况加以完善。

2. 新业务需求较难描述

尽管该公司在会计转型道路上一直走在市场的前端，但公司财务团队中依然缺乏具备信息技术和会计方面的人才。当公司出现新的业务需求时，由于会计产品非特殊定制的原因需要对金蝶云服务商进行反馈改进，而财务人员受专业知识水平的限制，难以将新业务描述得特别清晰，在使用云会计产品时需要一定时间熟悉、了解新的财务流程。虽然金蝶云服务商为公司提供了对应的技术人员、软件培训人员，但企业日常工作过程中，如果遇到了一些小问题或使用产品中有不明白的地方，都需要联系金蝶云服务商配备的售后服务人员来解答，大大影响了处理日常业务的工作效率。

（五）相关建议

现阶段，很多中小企业面临着多方面的压力，不仅有日益激烈的市场竞争环境，而且受当前环境影响无法复工复产的不确定因素以及人才方面的缺乏等。虽然政府不断出台各项利好政策助力中小企业更好更快发展，但现阶段最重要的是，中小企业在这种不稳定的市场环境中如何从企业自身的角度进行经济转型、如何向着会计工作智能化方向发展。通过对某科技公司基于云计算的会计信息化创新过程中存在的不足之处，提出了几点建议，供其他未上云的中小企业借鉴。

1. 保障网络性能高速稳定

互联网是云计算和会计信息化产品之间的桥梁和纽带，因此，其网速的高低、稳定性与否是影响企业财务人员使用云会计产品感受的关键因素。另外，会计行业与其他行业在处理数据工作中要求有所不同，越是能体现实时性，越能发挥云会计产品的作用。一方面，中小企业在选择网络时可以进行双网的选取，主线网络用于企业的日常业务工作，备用网线的存在是为了做好保障工作，防止在用网高峰期出现网络波动、网速慢的情况；另一方面，企业在决定应用云计算会计产品后，应加快引入 5G 网络设备，为财务数据能够实时传输提供更有利的外部条件。

2. 加快培养云会计人才

人才是企业最核心的竞争力，不仅为企业的发展带来源源不断的活力，而且为企业输送新鲜血液实现造血的作用，不管是多先进的信息系统，如果缺少了人才，也会失去它原本的色彩，无法体现它的价值所在。因此，对中小企业来说，要顺利地实现会计信息化的建设，节省建设过程中的建设时间，不仅需要高层管理人员多加重视，而且需要对财务工作人员进行培训，提升他们对会计信息化的了解程度和操作水平。所以，中小企业在进行云计算会计信息化工作建设过程中，应定期开展对本企业会计工作人员的相关培训，邀请云计算方面的专家学者或者云服务商方面的技术人员进行专题讲解，及时答疑解惑，给员工提供良好的外部条件，促进员工能力的提升。除此之外，中小企业也可以设立云计算会计服务人才的专项资金，对技术水平特别优秀的员工给予适当的奖金，作为激励他们学习的手段，促使他们紧跟当今时代云计算发展的浪潮。

　　总的来说，企业实现会计信息化不是一蹴而就的事情，尤其是对中小企业来说，不仅需要公司管理层提高重视程度，为财务人员提供业务培训机会，而且需要财务部的工作人员在业余时间主动学习专业知识，应对不断变化的发展环境。实际上，财务工作本身就需要不断学习，才能做到与时俱进，在引入云计算会计产品后更需要财务工作人员进行多学科的学习，提升自己的能力。

参考文献

［1］陈福春．企业绿色会计实施现状及对策［J］．合作经济与科技，2020
　　（01）：124－126.

［2］董汉杰．新商业模式下的财务会计创新研究［J］．财会学习，2021（01）：129－130.

［3］高堃炳．A企业会计信息质量评价研究［D］．西安：西安科技大学，2016.

［4］姜周平，田春晓．我国绿色会计可行性分析［J］．投资与创业，2021，32
　　（03）：75－77.

［5］李啸宇．中小企业财务会计管理中存在的问题及对策［J］．经济师，2021
　　（01）：84－85.

［6］李剑．企业环境会计信息可靠性研究［J］．财会通讯，2021（01）：84－87.

［7］李寅杰．对财务会计中重要性原则的探讨［J］．中小企业管理与科技（下旬刊），
　　2021（01）：71－72.

［8］李宇慧．中小企业财务会计管理中存在的问题及对策分析［J］．中国商论，2020
　　（20）：111－112.

［9］罗爱静．财务会计理论发展必须突破的障碍及应当反思的问题探讨［J］．商讯，2021
　　（05）：63－64.

［10］刘炳树．企业财务会计信息质量对研发投资效率的影响研究［D］．南宁：广西大
　　学，2016.

［11］李琳．高管审计背景对企业会计信息披露质量影响研究［D］．哈尔滨：东北农业大
　　学，2020.

［12］吕洪铎．中小企业财务会计外包的风险及控制研究［D］．哈尔滨：哈尔滨商业大
　　学，2016.

［13］李爽．绿色会计的理论与实践［D］．长春：吉林大学，2017.

［14］彭元彦，刘丽娜．大数据背景下财务会计转型思考［J］．合作经济与科技，2021
　　（01）：152－153.

［15］王浩森．ERP环境下A企业会计信息化体系构建研究［D］．哈尔滨：哈尔滨商业大
　　学，2017.

［16］辛云凤．网络环境下企业财务会计管理模式的创新与思考［J］．中国市场，2019
　　（30）：181＋185.

［17］许菁．中国财务会计概念框架研究［D］．南宁：广西大学，2018.

［18］邢茂丽．会计信息质量评价研究［D］．吉林：东北电力大学，2020.

［19］叶晓羽，李蕊爱．环境会计发展新模式探究［J］．纳税，2021，15（06）：51－52.

［20］张国铭．企业财务会计与管理会计的融合探析［J］．财会学习，2021（02）：7－8.

［21］朱珍珍．会计环境变革与财务会计理论创新探究［J］．财会学习，2021（02）：81－82.

［22］周峰．试论企业财务会计内控管理机制的构建［J］．财会学习，2021（02）：175－176.

［23］张冰茹，李勇，徐淑新．人工智能时代财务会计的转型分析［J］．商场现代化，2021（01）：181－183.

［24］张国富，李宁．试论影响财务会计信息质量的因素及对策［J］．中小企业管理与科技（上旬刊），2021（02）：95－96.

［25］张梦婷．新形势下的企业财务会计与管理会计融合发展［J］．财会学习，2021（06）：95－96.

［26］张丽湘．网络环境下企业财务会计管理模式的创新对策分析［J］．农家参谋，2019（23）：163.